Z会

小学生のための

思考力
ひろがる
ワーク

標準編 しぼりこみ

JN097893

🌱 学校の教科学習とは異なる"思考力"を身につけます

『Z会　小学生のための思考力ひろがるワーク』は，学校の教科学習とは異なる観点での「思考力」を身につけるためにつくられた本です。パズルのように楽しく挑戦することで，自然と「思考力」が身につきます。

1つ1つの問題にじっくりと取り組むことで脳が活性化する快感，解けた瞬間の「わかった！」と目の前が明るくなる達成感が味わえる問題を揃えました。考えることが好きになれるワークです。

🌱 知識そのものではなく，"知識を使う力"を養います

知識そのものを身につけるのではなく，知識の運用力を問う問題が基本です。教科書や問題集などでは見たことのないような問題の中に，「教科で学ぶ知識が問われる要素」と「知識を活用する力が問われる要素」をバランスよく盛り込んでいます。

要求される知識としては難しくないものの，発想力や着眼点で高度なレベルを要求するものも多くあります。とくに，🤜のマークがついているものができたときは，大いにほめてあげてください。

🌱 情報から答えを特定する『標準編　しぼりこみ』

証言や表などから集めてきた情報をもとに，"絞り込む"ことで答えを見つける問題を集めました。情報の使い方を考える，あるいは情報そのものを探し出してくることを通して，考える力が身につきます。とくに「情報整理力」や「論理的判断力」をきたえるのに最適です。

子どもたちを取り巻く環境の変化

　近年，インターネットの普及や AI（人工知能）の進歩，グローバル化の進行などにより，社会環境の変化はますます速くなっています。このような社会を生き抜くためには，自ら課題を発見していく力や，状況に合わせた柔軟なものの見方が大切です。

　これを受けて，教育の現場では「思考力・判断力・表現力」や，「主体性を持って多様な人々と協働して学ぶ態度（主体性・多様性・協働性）」が評価されるようになってきました。また，中学校・高校・大学の入学試験でも，知識を問うだけではなく，知識を応用し活用して解く問題が目立つようになってきました。各校が，ひいては社会全体が，「自ら課題を見つけ，他者と共に行動して，答えや新しい価値を生み出せる人材」を求めているのです。

本書で “思考力” を身につける

　このような人材になるためには，それぞれの教科で学ぶ知識を理解することももちろん重要ですが，それだけでは十分とはいえません。教科ごとの学習を “縦糸” としたとき，それらを結びつけ広げていく “横糸” をもっていることが大切です。

　この “横糸” にあたる「思考力」を養うことを目的につくられたのが，本書『Ｚ会小学生のための思考力ひろがるワーク』シリーズです。国語，算数などの教科学習で学んだ知識や，日常生活で習得した知識を土台にして，その上に「連想力」「試行錯誤力」「論理的判断力」「情報整理力」「注意力」「推理力」といった幅広い力を身につけていきます。

本書で身につく6つの力

🌱 連想力（思いつく力）

あるものごとから，別のものごとを考え出していく力です。部分的な情報から全体像を思い浮かべたり，以前体験したことや既知の知識との関連を見いだして，課題の解決策を考えたりする力が，これにあたります。

🌱 試行錯誤力（いろいろ試す力）

仮定を立て検証する，その繰り返しによって問題を解決していく力です。「こうしてみたらどうだろう？」と，解決策につながりそうな手法を複数考え出す力はもちろん，ものごとにねばり強く取り組む力もふくまれます。

🌱 論理的判断力（順序立ててきちんと考える力）

きちんとした根拠にもとづいて，結論を導くことができる力です。ものごとを伝えたり，相手を説得したりといった場面で，「○○である，なぜならば△△だから」と，正当な根拠をもって説明する力でもあります。

🌱 情報整理力（整理する力）

与えられた情報を整理し，まとめる力です。効率よく答えを導くために情報をわかりやすく整理したり，多くの情報の中から必要なものを見抜いたりといった力があてはまります。

🌱 注意力（よく見る力）

全体を見渡すことができる力・細かい部分に気がつくことができる力です。全体と部分を比べての違いや正しいものを発見する力がふくまれます。

🌱 推理力（見抜く力）

直接は見えない規則・事象などを推し量り，見抜くことができる力です。法則や規則性を見つけ出す力が該当します。

もくじ

この本の使い方

1 この本には,問題が ① から ㊿ まであります。① から順番に取り組みましょう。
わからない問題は,あとまわしにして,あとからもう一度考えてみましょう。

2 1回分が終わったら,『解答編』を見ながら○つけをしましょう。

3 🏅 のマークがついている問題は,むずかしい問題です。
これがとけたら,おうちの人にじまんしましょう。

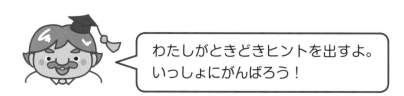

わたしがときどきヒントを出すよ。
いっしょにがんばろう!

《保護者の方へ》本書のご案内

■ 問題

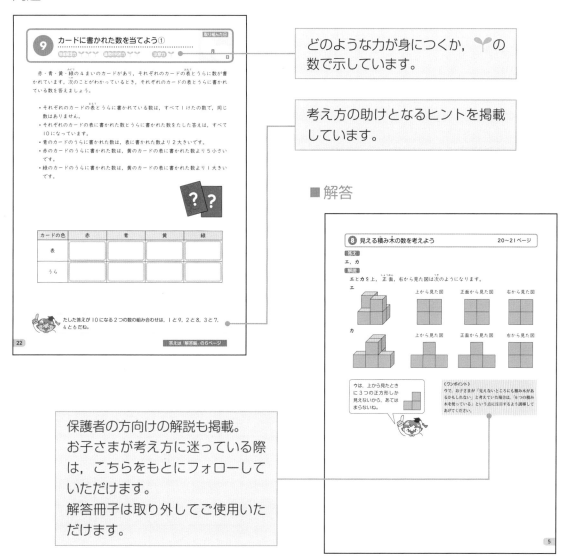

どのような力が身につくか，🌱の数で示しています。

考え方の助けとなるヒントを掲載しています。

■ 解答

保護者の方向けの解説も掲載。
お子さまが考え方に迷っている際は，こちらをもとにフォローしていただけます。
解答冊子は取り外してご使用いただけます。

※本書に掲載している問題について

　本書に掲載している問題には，お子さまの学年より上の学年で学ぶ知識を使うものもふくまれることがあります。もし難しく感じる問題があったら，飛ばしてもかまいません。しばらく経ったあとに，もう一度取り組んでみるよう，声をかけてあげてください。

下の図は，ある街の商店街の地図です。この地図の中のどこかに立って，まっすぐ前を見て写真をとったところ，次のページの①，②のようになりました。

　どの場所に立って，どの方向を向いて写真をとったのか，地図の中にそれぞれ矢印でかきましょう。ただし，立っている場所の真横の建物は写真に写りません。

レストラン	コンビニ	銀行

薬局		レストラン
フラワーショップ		コンビニ
コンビニ		銀行

銀行	フラワーショップ	薬局

フラワーショップ		銀行		薬局	コンビニ	レストラン
交番		コンビニ				
フラワーショップ		レストラン		銀行	コンビニ	フラワーショップ

①

②

2 ひらがなを分けよう

情報整理力 ❦ ❦ ❦ 注意力 ❦

┌┈┐の中の6この文字について，◯◯の質問に「はい」か「いいえ」で答えていきます。◯◯に入る文字を書き入れましょう。

┌──────────────────────────┐
│ せ・れ・つ・ふ・ん・よ │
└──────────────────────────┘

1画で書ける字ですか。

はい　　　　　　いいえ

小さい文字としても使えますか。

カタカナにすると，1画で書ける字ですか。

はい　　　いいえ

あ

い

はい　　　　いいえ

「°」をつけることができますか。

「゛」をつけることができますか。

はい　　　いいえ

う

え

はい　　　いいえ

お

か

答えは『解答編』の2ページ

3 じょうけんに合う数を見つけよう

情報整理力 🌱🌱🌱　注意力 🌱🌱🌱　論理的判断力 🌱

31から60までの数のうち，　じょうけん　に合うものをすべて選んで，○をつけましょう。

① 　じょうけん

・九九の表に出てこない。

・一の位にも十の位にも，1，3，5，7，9はどれも使われていない。

31	32	33	34	35	36	37	38	39	40
41	42	43	44	45	46	47	48	49	50
51	52	53	54	55	56	57	58	59	60

② 　じょうけん

・一の位の数と十の位の数をたすと，九九の表の4のだんの数になる。

・一の位の数は，十の位の数より小さい。

31	32	33	34	35	36	37	38	39	40
41	42	43	44	45	46	47	48	49	50
51	52	53	54	55	56	57	58	59	60

③ 　じょうけん

・九九の表に出てくる。

・一の位の数と十の位の数をかけた答えも，31から60までの数になる。

31	32	33	34	35	36	37	38	39	40
41	42	43	44	45	46	47	48	49	50
51	52	53	54	55	56	57	58	59	60

じょうけん　に合わない数に印をつけながら考えよう。

4 くり返しの言葉を当てよう

連想力 🌱🌱🌱 情報整理力 🌱🌱

次の文は,「ぺらぺら」や「どきどき」のように,同じ音をくり返す言葉の説明です。説明にあてはまる言葉を答えましょう。

①

　あ　金属などが続けて当たる音を表すときに使います。

　い　おこっている様子を表すときに使います。

　う　太陽が強く照っている様子を表すときに使います。

②

　あ　ものがこわれかけている様子を表すときに使います。

　い　形がそろっていない様子を表すときに使います。

　う　寒さやこわさで体がふるえる様子を表すときに使います。

③

　あ　雪をふんで歩くとき，このような音が聞こえます。

　い　おかしや野菜をかんだとき，このような音が聞こえます。

　う　物事が気持ちよく進む様子を表すときに使います。

14

答えは『解答編』の3ページ

5 九九のだんを当てよう

推理力 🌱🌱🌱　試行錯誤力 🌱🌱　情報整理力 🌱🌱

月　　日

　九九の中の，ある2つのだんから，数を選びました。何のだんと何のだんから選んだか答えましょう。

《例》

14, 15, 21, 27, 56 　➡　 3 のだんと 7 のだん

 は3のだんの数， は7のだんの数です。

① 6, 20, 28, 36, 48

☐ のだんと ☐ のだん

② 9, 10, 16, 18, 45

☐ のだんと ☐ のだん

③ 16, 20, 40, 45, 72

☐ のだんと ☐ のだん

④ 3, 5, 7, 15, 21

☐ のだんと ☐ のだん

6　1回ずつ通ろう

試行錯誤力 🌱🌱🌱　注意力 🌱🌱🌱　推理力 🌱

　右の**ア～ク**のように，$\boxed{S}$と$\boxed{G}$が1つずつ書かれたます目があります。$\boxed{S}$から
スタートしてゴールの$\boxed{G}$まで，ルールのとおりに進むことができるものを3つ選
んで，記号に〇をつけましょう。

> ルール
>
> ・たてかよこにとなり合ったますに進むことができる。ななめには進めない。
> ・16このますをすべて1回ずつ通る。

《例》

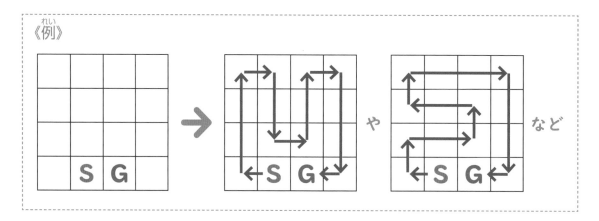

　進み方がいくつかあるものもあるよ。「ルール」に合った進み方ができるものを
選んでね。

16

ア

S			G

イ

			G
S			

ウ

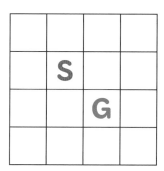

エ

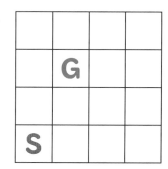

オ

	S		
			G

カ

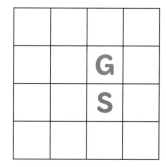

キ

			S
	G		

ク

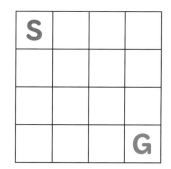

答えは『解答編』の4ページ

あきひこさん，かずひこさん，くにひこさん，みちひこさん，やすひこさんの 5 人がかけっこをしました。5 人がゴールに着いた順番について話していますが，1 人だけまちがったことを言っています。

5 人がゴールに着いた順番を答えましょう。

1 番目……

さん

2 番目……

さん

3 番目……

さん

4 番目……

さん

5 番目……

さん

あきひこさん

「かずひこさんより速く走ることができたよ。」

かずひこさん

「やすひこさんには勝てたよ。」

くにひこさん

「あきひこさんには負けたけれど, みちひこさんには勝ったよ。」

みちひこさん

「かずひこさんには勝ったけれど, やすひこさんには負けたよ。」

やすひこさん

「あきひこさんよりぼくのほうが速かったよ。」

答えは『解答編』の4ページ

8 見える積み木の数を考えよう

情報整理力 ❦ ❦ ❦　　注意力 ❦ ❦　　論理的判断力 ❦

取り組んだ日

月

日

《例》のように，真四角な積み木を 4 つ組み合わせた形では，上から見ても，正面から見ても，右から見ても 3 つの正方形が見えます。

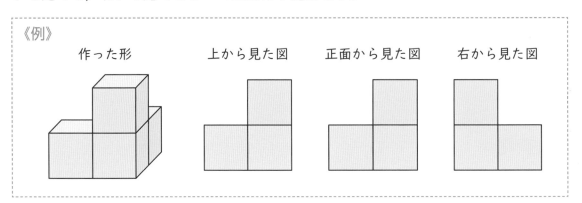

《例》

作った形　　　　上から見た図　　　正面から見た図　　　右から見た図

　真四角な積み木を 6 つ組み合わせて，右の**ア〜ク**の形を作りました。このうち，上から見ても，正面から見ても，右から見ても 4 つの正方形が見えるのはどれですか。2 つ選んで，記号に○をつけましょう。

ア

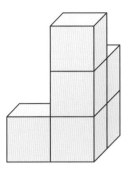

イ

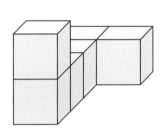

ウ

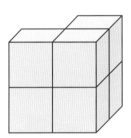

エ

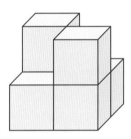

オ

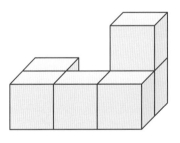

カ

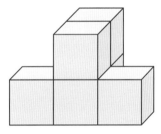

キ

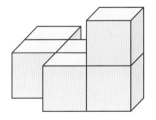

ク

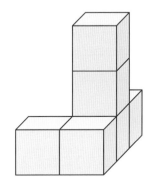

答えは『解答編』の5ページ

9 カードに書かれた数を当てよう①

情報整理力 ❤❤❤　論理的判断力 ❤❤　注意力 ❤

　赤・青・黄・緑の 4 まいのカードがあり，それぞれのカードの表とうらに数が書かれています。次のことがわかっているとき，それぞれのカードの表とうらに書かれている数を答えましょう。

- それぞれのカードの表とうらに書かれている数は，すべて 1 けたの数で，同じ数はありません。
- それぞれのカードの表に書かれた数とうらに書かれた数をたした答えは，すべて 10 になっています。
- 青のカードのうらに書かれた数は，表に書かれた数より 2 大きいです。
- 赤のカードのうらに書かれた数は，黄のカードの表に書かれた数より 5 小さいです。
- 緑のカードのうらに書かれた数は，黄のカードの表に書かれた数より 1 大きいです。

カードの色	赤	青	黄	緑
表				
うら				

たした答えが 10 になる 2 つの数の組み合わせは，1 と 9，2 と 8，3 と 7，4 と 6 だね。

答えは『解答編』の 6 ページ

りょうたさん, ようすけさん, そうへいさんの学校の, ある年の夏休みは, 7月29日から8月25日までです。この年の8月のカレンダーは右のようになっています。

夏休み中に, 1泊2日でキャンプに行くことにしました。3人の話に合うように, キャンプに行く日を決めましょう。

8月						
日	月	火	水	木	金	土
26	27	28	29	30	31	1
2	3	4	5	6	7	8
9	10	11 山の日	12	13	14	15
16	17	18	19	20	21	22
23	24	25	26	27	28	29
30	31	1	2	3	4	5

りょうた：8月13日から16日までは, 親せきがとまりに来るから行けないんだ。あと, 土曜日や日曜日, 祝日も急に予定が入るかもしれないからやめておきたいな。みんなの予定はどうかな？

ようすけ：ぼくは, 8月1日から9日まで旅行に行くんだ。それから, 月曜日はピアノのレッスンの日だから, 月曜日ではない日がいいな。

そうへい：木曜日は剣道のおけいこがあるから, 行けないんだ。

ようすけ：じゃあ, キャンプは8月 ☐ 日から ☐ 日で行くのがいいね。

そうへい：うん, 楽しみだね。

せんをしめよう

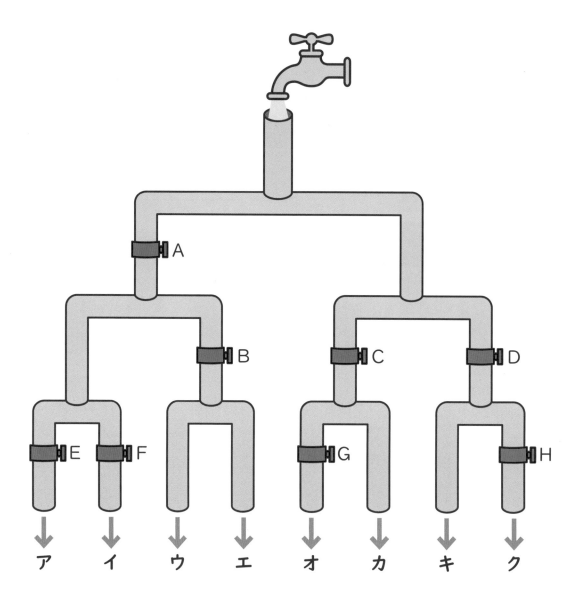

論理的判断力 情報整理力 注意力

取り組んだ日

月

日

次のように水を入れます。

A, B, C, D, E, F, G, Hにはせんがついています。せんをしめるとそれより下には水が流れません。たとえば，Dのせんをしめると，**キ**や**ク**では水が出てきません。1つもせんをしめていないときは，**ア**～**ク**のすべてに水が出てきます。

24

① B，D，Eのせんをしめたとき，水が出てくるところをすべて選んで〇をつけましょう。

ア ・ イ ・ ウ ・ エ ・ オ ・ カ ・ キ ・ ク

② 3つのせんをしめたところ，**カ**だけに水が出てきました。しめた3つのせんを記号で書きましょう。

と と

③ 2つのせんをしめたところ，**ク**には水が出てきて，**ア**，**ウ**，**カ**には水が出てきませんでした。しめた2つのせんを記号で書きましょう。

と

④ 3つのせんをしめたところ，**ウ**には水が出てこなくて，**ア**，**カ**，**ク**には水が出てきました。しめた3つのせんを記号で書きましょう。

と と

答えは『解答編』の7ページ

12 いらないものを見つけよう

情報整理力 🌱🌱🌱　論理的判断力 🌱🌱　試行錯誤力 🌱

　Ｚさんは7人きょうだいで，7人の性別は，年が上のほうから順に，男，女，男，女，男，女，男だそうです。

　Ｚさんについて，次のことがわかっています。

あ　Ｚさんには妹がいます。

い　Ｚさんには兄がいます。

う　Ｚさんは男ではありません。

え　Ｚさんの兄の人数と弟の人数は同じではありません。

① Ｚさんは，きょうだいの中で上から何番目ですか。

番目

② あ〜えのうち3つだけ使って，Ｚさんが何番目かを知ることができます。なくてもよいものはどれですか。記号で答えましょう。

答えは『解答編』の7ページ

13 にせのコインを見つけよう

論理的判断力 🌱🌱🌱 　情報整理力 🌱🌱🌱

　ア，イ，ウ，エ，オ，カ，キ，ク，ケ，コの10まいのコインがあります。このうち8まいは本物で，残りの2まいはにせ物です。本物とにせ物は，形も大きさも同じですが重さがちがいます。本物のコインは1まい10gで，にせ物のコインは1まい11gです。

　にせ物のコインを見つけるために，次のようにてんびんで重さをはかりました。にせ物のコインがどれとどれかを答えましょう。

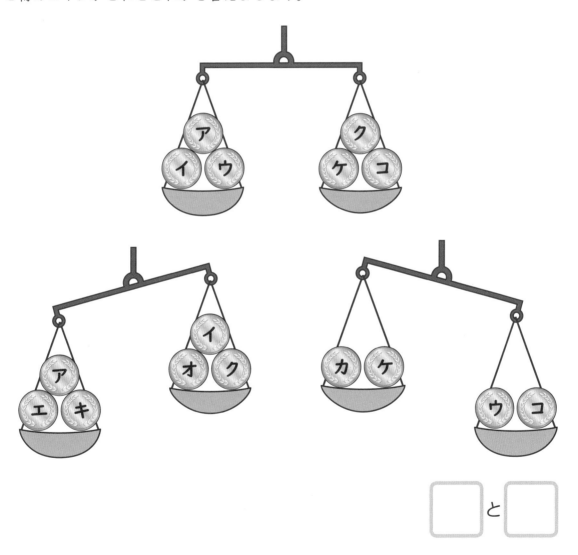

　□ と □

 てんびんは，重いものをのせたほうが下がるね。

　えりさん，まりさん，みりさん，ゆりさん，るりさんの5人が，プレゼントをもらいました。プレゼントの包み紙とリボンは，次のようになっていました。

ア

イ

ウ

エ

オ

5人がそれぞれもらったプレゼントについて，包み紙かリボンのどちらかのもようが次のようにわかっています。色はわかりません。5人がもらったプレゼントを選んで，記号で答えましょう。

 包み紙とリボンの，どちらかにしか出てこないもようの人が1人だけいるよ。

答えは『解答編』の9ページ

15 国の名前を当てよう

連想力 ▼▼▼　注意力 ▼▼　情報整理力 ▼

月　　日

　じゅんぺいさんは，いろいろな国の名前を表す漢字について調べました。じゅんぺいさんの話をヒントに，表している国の名前に○をつけましょう。

① 伊太利

　「伊」は「い」と読みます。名字でよく見る漢字で，ぼくのクラスにもこの字を使った名字の人がいます。
　最後に「あ」と読む字をつけて「伊太利亜」と書くこともあるそうです。こちらのほうが，ふだん読んでいる読み方に近いと思いました。

> イタリア ・ イギリス ・ クロアチア ・ チリ

② 土耳古

　国の名前の最初と最後の音は，「土」や「古」の字を音読みした音です。2文字目は，学校で習う読み方とはちがいましたが，調べてみたら，「ベルギー」はこの字を同じ読み方で使って「白耳義」と書くことがわかりました。

> チェコ ・ モナコ ・ トルコ ・ ドイツ

③ 愛蘭

　「蘭」は「らん」と読みます。意味を調べたら，植物のらんを表す漢字だとわかりました。どちらの字も，国の名前の音の一部を表しています。

> フィンランド ・ アイルランド
> オランダ ・ イラン

④ 新西蘭

　１文字目は，音読みや訓読みをするのではなく，「新しい」という意味の英語で読むそうです。漢字の音であてはめる書き方だけでなく，意味であてはめる書き方もあると知ってびっくりしました。

> フランス ・ シンガポール
> スリランカ ・ ニュージーランド

答えは『解答編』の9ページ

16 カードを使って計算しよう

情報整理力 🌱🌱🌱　　論理的判断力 🌱🌱　　試行錯誤力 🌱🌱

取り組んだ日

月

日

1から9までの数が1つずつ書いてある，9まいのカードの中から，3まい選びます。この中の2まいを使って，たし算とひき算の式を作り，計算した答えを小さい順にならべたものを《結果》とよぶことにします。ただし，計算した答えの中に同じ数があった場合は，《結果》には1回だけ書くことにします。

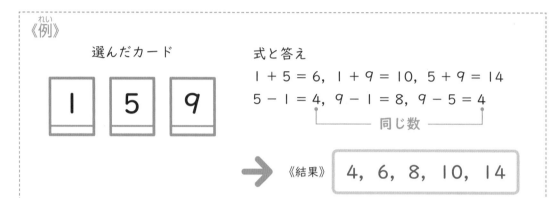

《例》

選んだカード

| 1 | 5 | 9 |

式と答え

1 + 5 = 6, 1 + 9 = 10, 5 + 9 = 14
5 - 1 = 4, 9 - 1 = 8, 9 - 5 = 4

└─── 同じ数 ───┘

→ 《結果》 4, 6, 8, 10, 14

① 次の3まいのカードを選んだときの，《結果》を答えましょう。

| 5 | 7 | 8 |

《結果》　[   ]

② 《結果》が 1, 5, 6, 7, 11, 12 になるような3まいのカードを答えましょう。

□ と □ と □

③ まどかさんが3まいのカードを選んだあと，たまきさんが残_{のこ}りの中から3まいのカードを選びました。すると，2人とも《結果》が 2, 4, 6, 8, 10 になりました。まどかさんが選んだカードには，1のカードがあったそうです。2人が選んだカードを，それぞれ答えましょう。

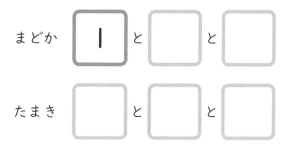

まどか 1 と □ と □

たまき □ と □ と □

《結果》の中でいちばん大きい数は，選んだカードの中の1番目に大きい数と2番目に大きい数をたした答えになるね。

答えは『解答編』の10ページ

豆電球をつけよう

注意力 情報整理力 試行錯誤力

取り組んだ日

月

日

豆電球とかん電池をどう線でうまくつなぐと，豆電球を光らせることができます。

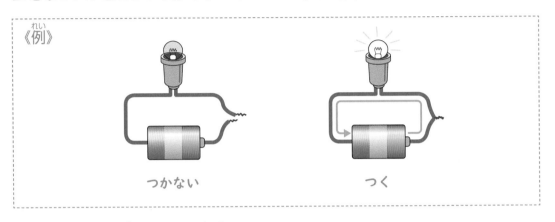

つかない　　　　　つく

また，かん電池の＋極と－極を，豆電球が間に入らないようにつないでしまうと，どう線が熱くなり，きけんです。

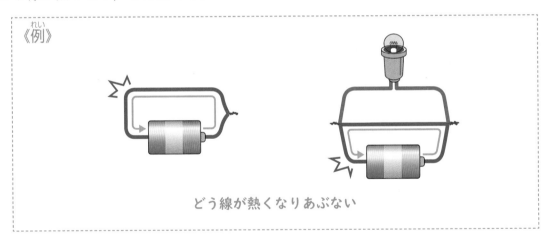

どう線が熱くなりあぶない

34

2つの豆電球と，1つのかん電池を，どう線で次のようにつなぎました。◌のところは，まだつないでいません。

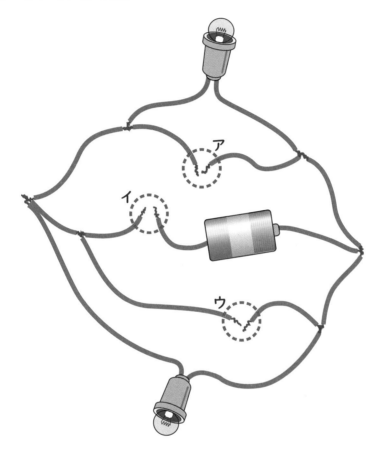

2つの豆電球が両方とも光り，どう線が熱くならないようにします。それぞれの◌について，つなぐなら○，つながないなら，×を□に書きましょう。

ア □　イ □　ウ □

18 ボールの数を当てよう

情報整理力 ￥￥￥　論理的判断力 ￥￥￥　注意力 ￥

　箱の中に，赤いボール，白いボール，黒いボールがそれぞれ9こずつ，全部で27こ入っています。箱の中から，たかゆきさん，ひろゆきさん，まさゆきさんの3人が9こずつボールを取りました。

　3人の話に合うように，3人がそれぞれどの色のボールを何こ取ったのかを□に書きましょう。

たかゆきさん

「3人とも，1つも取らない色はなかったよ。取った白いボールの数は3人ともちがっていて，ぼくがいちばん少なかったよ。」

ひろゆきさん

「ぼくは3色の中で，黒いボールをいちばん多く取ったよ。ぼくが取った赤いボールの数は，まさゆきさんが取った赤いボールの数とちがったよ。」

まさゆきさん

「ぼくは赤いボールより黒いボールを2こ多く取ったよ。でも3色の中でいちばん多く取ったのは，白いボールなんだ。」

	赤	白	黒
たかゆきさん	こ	こ	こ
ひろゆきさん	こ	こ	こ
まさゆきさん	こ	こ	こ

まずは，まさゆきさんがそれぞれの色のボールを何こずつ取ったか考えよう。

19 使っているロッカーを当てよう

情報整理力 ❧❧❧　論理的判断力 ❧❧❧　注意力 ❧

あきとさんとかずきさんが通っているスイミングスクールには，16このロッカーがあります。ある日のレッスン中，右の図のように，5番，12番，14番のロッカーがあいていました。

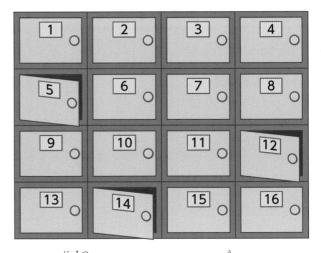

　今，あきとさんとかずきさんは，ロッカーに荷物を入れてレッスンを受けているところなので，使われているロッカーのうちの2こは，それぞれあきとさんとかずきさんが使っているロッカーです。2人がレッスンから帰ってきたら，次の質問をして，2人の使っているロッカーを当てることにします。

質問

質問①　あなたの使っているロッカーのある，たての1列で，使われているロッカーは何こありますか。自分が使っているロッカーも入れて数えてください。

質問②　あなたの使っているロッカーのある，よこの1列で，使われているロッカーは何こありますか。自分が使っているロッカーも入れて数えてください。

質問③　あなたの使っているロッカーに，たて，よこ，ななめでとなり合っているロッカーのうち，使われているロッカーは何こありますか。

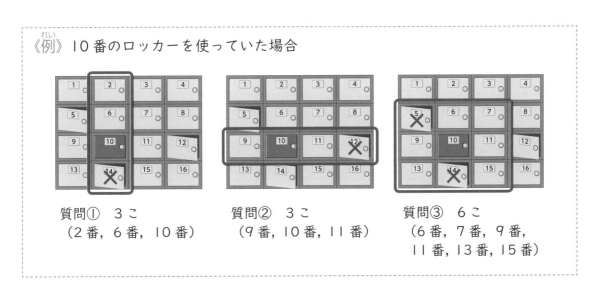

《例》 10番のロッカーを使っていた場合

質問① 3こ
（2番，6番，10番）

質問② 3こ
（9番，10番，11番）

質問③ 6こ
（6番，7番，9番，
11番，13番，15番）

あきとさんとかずきさんがレッスンから帰ってきました。さっそく質問をしたところ，次のような答えになりました。2人が使っているロッカーの番号をそれぞれ答えましょう。

《あきとさんの答え》
　質問①の答えは4こ，質問②の答えは3こ，質問③の答えは7こだよ。

《かずきさんの答え》
　質問①，質問②，質問③のどの答えも，3こだよ。

あきとさん　　　　　　　　番

かずきさん　　　　　　　　番

20 インタビューをしよう

情報整理力 🌱🌱　　論理的判断力 🌱🌱🌱　　連想力 🌱🌱

　もりたかさんは，地域の人にインタビューをして，学級新聞に記事を書くことになりました。インタビューが成り立つように，□□に言葉や文を入れましょう。

もりたか：今日は，税務署で働いている鳥山さんにインタビューをします。鳥山さん，よろしくお願いします。

鳥山さん：よろしくお願いします。

もりたか：まず，｜　あ　　　　　　　　　　　　　　　　　｜を教えてください。

鳥山さん：税金について相談や手続きを受け付ける仕事や，受け取った書類の内容が正しいかかくにんする仕事をしています。

もりたか：｜　い　　　　　　　　　　　　　　　　　｜は何ですか。

鳥山さん：税金についての手続きでは，ふだんの生活では使わない言葉がたくさん出てくるので，手続きをしたい人にわかりやすく説明するのがむずかしいですね。

もりたか：｜　う　　　　　　　　　　　　　　　　　｜。

鳥山さん：税務署の職員になるためには，まずは試験に合格しなくてはいけません。その後１年間の研修を受けたあと，実際に税務署での仕事が始まります。将来，どんな仕事につこうか考えるときに，税務署のことも思い出してくれるとうれしいです。

もりたか：いろいろ教えていただき，ありがとうございました。

鳥山さん：こちらこそ，ありがとうございました。新聞記事作りもがんばってくださいね。

鳥山さんの答えの中に，質問に使える言葉がないか考えてみよう。

答えは『解答編』の13ページ

　小林さん，井上さん，高橋さん，田中さん，木村さん，山本さんの 6 人が，レストランで食事会をしました。次の 3 人の話に合うように，6 人がどこにすわっていたかを考えて，□に名前を書きましょう。

高橋さん：ぼくは入り口にいちばん近い席にすわったよ。
井上さん：ぼくは田中さんと，テーブルをはさんで向かい合わせの席だったよ。
木村さん：ぼくは，田中さんと小林さんの間の席にすわったよ。

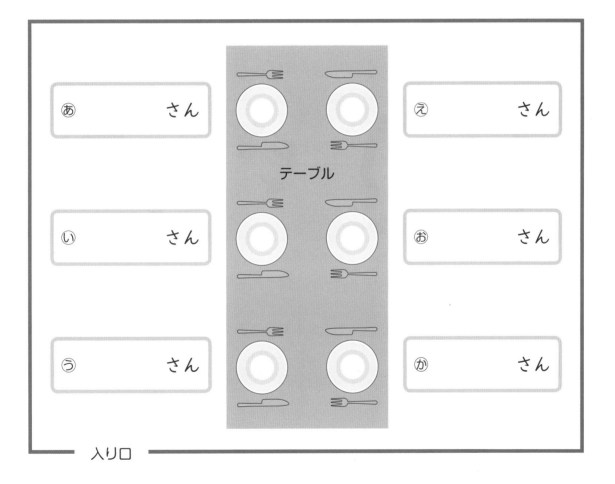

 木村さんの席はどこかな。

22 英単語の意味を考えよう

連想力 🌱🌱🌱　情報整理力 🌱🌱　注意力 🌱

　ひろのりさんは，いろいろな英単語について調べました。ひろのりさんの説明に合うものを選んで，記号に○をつけましょう。

① seahorse

　sea は「海」，horse は「馬」という意味です。頭が体から直角につき出していて馬のようだということから名前がついたようですが，馬ではなく魚のなかまです。sea と入っているように，海の生き物です。

ア きりん　　　**イ** ペンギン　　　**ウ** こい　　　**エ** たつのおとしご

② sea cucumber

　sea は「海」，cucumber は「きゅうり」という意味です。たしかにつつの形をしていて，とげとげしているけれど，きゅうりはこんなにヌルヌルしていないと思います。

ア ひとで　　　　　**イ** なまこ　　　　　**ウ** さんご　　　　　**エ** うに

③ dandelion

　フランス語の「dent de lion」という言葉から，英単語になったそうです。dent は「歯」，lion は「ライオン」なので，葉がギザギザしているから「ライオンの歯のようだ」という理由で名づけられたのではないか，と書いてありました。日本語にも外国の言葉からできた言葉がありますが，フランス語からできた英単語があるのにはびっくりしました。

ア タンポポ　　　　**イ** すすき　　　　**ウ** チューリップ　　**エ** ひまわり

 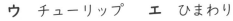  

答えは『解答編』の14ページ

ある遊園地には，6種類のアトラクションがあります。アトラクションを利用するための料金と待ち時間は，次の表のようになっています。

アトラクション	料金	待ち時間
ジェットコースター	700円	40分
メリーゴーラウンド	300円	20分
観覧車	800円	40分
おばけやしき	600円	30分
ゴーカート	500円	50分
バンジージャンプ	1000円	30分

次の じょうけん に合うようにアトラクションを利用するとき，どのアトラクションを選べばよいですか。あてはまるものに○をつけましょう。

じょうけん

- 3種類のアトラクションを利用する。
- 料金の合計が1800円までになるようにする。
- 待ち時間の合計が90分までになるようにする。
- ジェットコースターかバンジージャンプのどちらかは，必ず利用する。

ジェットコースター ・ メリーゴーラウンド

観覧車 ・ おばけやしき

ゴーカート ・ バンジージャンプ

24 どちらの村人か当てよう

情報整理力 ❦ ❦ ❦ 論理的判断力 ❦ ❦ ❦ 試行錯誤力 ❦

Aさん，Bさん，Cさん，Dさん，Eさんの5人は，ショージキ村かウソツキ村か，どちらかの住人です。ショージキ村の住人は，必ず真実を話します。また，ウソツキ村の住人は，必ず真実とはちがうことを話します。

次の5人の話を読んで，ショージキ村の住人なら〇，ウソツキ村の住人なら×を，□に書きましょう。

Aさん：Bさんはショージキ村の住人だよ。
Bさん：AさんとCさんは同じ村の住人だよ。
Cさん：Eさんはぼくと同じ村の住人だよ。
Dさん：Aさんはぼくとちがう村の住人だよ。
Eさん：この5人の中に，ウソツキ村の住人が3人いるよ。

Aさん □   Bさん □   Cさん □

Dさん □   Eさん □

答えは『解答編』の15ページ

25 シールを分けよう

論理的判断力 🌱🌱🌱　情報整理力 🌱🌱🌱　試行錯誤力 🌱

　右のような，16まいのシールがはられた台紙があります。このシールを，台紙の点線にそって切り分けて，まりえさん，れいなさん，あやのさん，ひとみさんの4人で分けました。

　4人の話に合うように，4まいある花の絵のシールを，それぞれだれがもらったか答えましょう。

まりえ：同じ形，同じ大きさの4つのかたまりに切り分けたよ。花の絵のシールは，4人とも1まいずつもらったんだ。

れいな：文ぼう具の絵のシールを3まいもらった人はいないよ。わたしは文ぼう具の絵のシールは2まいもらったんだ。

あやの：わたしははさみの絵のシールをもらったよ。さくらの絵のシールはもらっていないよ。

ひとみ：わたしではないけれど，つばきの絵のシールをもらった人は，ねこの絵のシールをもらったんだって。

さくらの絵のシール　　　　　　さん

ひまわりの絵のシール　　　　　さん

コスモスの絵のシール　　　　　さん

つばきの絵のシール　　　　　　さん

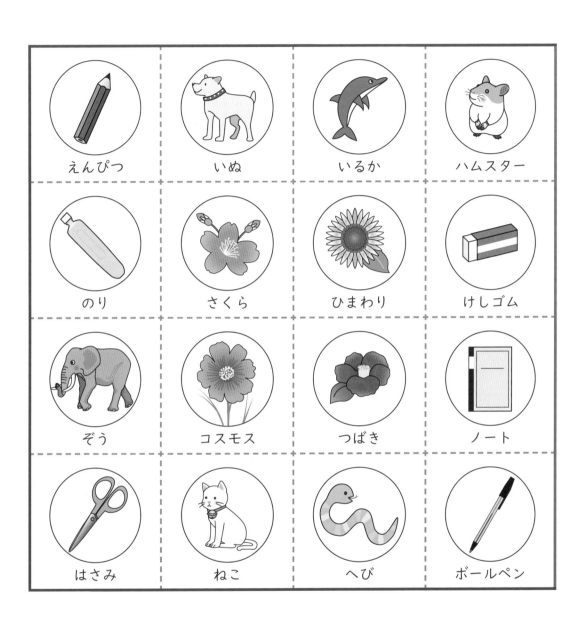

えんぴつ	いぬ	いるか	ハムスター
のり	さくら	ひまわり	けしゴム
ぞう	コスモス	つばき	ノート
はさみ	ねこ	へび	ボールペン

まずは，４人の話に合う切り分け方を考えよう。

26 生き物を分けよう

情報整理力 ❮❮❮　推理力 ❮❮　連想力 ❮

　　　の中の 20 種類の生き物について，質問に「はい」か「いいえ」で答えていったところ，右の図のようになりました。質問が完成するように，　　　　に言葉を書き入れましょう。ただし，質問は　　　の中の言葉を使わずに書きましょう。

アサリ，アジ，イソギンチャク，イワシ，

カタツムリ，キンギョ，クジラ，コイ，

サザエ，ザリガニ，シジミ，タイ，

タニシ，ドジョウ，ハマグリ，ヒトデ，

ホタテ，ホラガイ，マグロ，メダカ

　　　の中の言葉を使わずに書くから，「アジかイワシかタイかマグロですか」のような質問はできないよ。「～のなかまですか」という質問や，すんでいる場所や形の特ちょうについての質問などで分けられないか考えてみよう。

┌─────────────────────────────────────┐
│ ⓐ   ですか。   │
└─────────────────────────────────────┘
      はい ↙   ↘ いいえ

┌─────────────────────────────────────┐
│ ⓘ   ですか。   │
└─────────────────────────────────────┘
   はい ↙   ↘ いいえ

┌──────────────────┐   ┌──────────────────┐
│ アジ，イワシ，   │   │ キンギョ，コイ，   │
│ タイ，マグロ   │   │ ドジョウ，メダカ   │
└──────────────────┘   └──────────────────┘

┌─────────────────────────────────────┐
│ ⓤ   ですか。   │
└─────────────────────────────────────┘
      はい ↙   ↘ いいえ

┌──────────────────────────┐
│ イソギンチャク，クジラ，   │
│ ザリガニ，ヒトデ   │
└──────────────────────────┘

┌─────────────────────────────────────┐
│ ⓔ   ですか。   │
└─────────────────────────────────────┘
   はい ↙   ↘ いいえ

┌──────────────────┐   ┌──────────────────┐
│ アサリ，シジミ，   │   │ カタツムリ，サザエ，│
│ ハマグリ，ホタテ   │   │ タニシ，ホラガイ   │
└──────────────────┘   └──────────────────┘

27 人数を考えよう

情報整理力 ❧ ❧ ❧　注意力 ❧　論理的判断力 ❧

　なおとさんのクラスの人に,「ピアノをひくことができるか」,「バイオリンをひくことができるか」,「音楽が好きかきらいか」の 3 つの質問をしました。質問の結果,次のことがわかりました。

- なおとさんのクラスには, バイオリンをひける人が 4 人いて, その 4 人は全員ピアノをひくことができる。
- なおとさんのクラスには, ピアノをひける人が 12 人いて, その 12 人は全員音楽が好きである。
- 音楽が好きな人は, 全部で 18 人いる。
- バイオリンもピアノもひけなくて, 音楽がきらいな人は, 7 人いる。

① なおとさんのクラスの人数は何人ですか。

人

② なおとさんのクラスで, 音楽が好きでバイオリンをひけない人は何人いますか。

人

答えは『解答編』の18ページ

ジュースを作ろう

情報整理力 🌱🌱🌱　試行錯誤力 🌱🌱　論理的判断力 🌱🌱

ある店では，3種類のジュースを売っています。ジュースの種類と1ぱいあたりの材料は次のとおりです。

バナナジュース

みかんジュース

ミックスジュース

＜材料＞
・牛乳1パック
・バナナ2本

＜材料＞
・みかん3こ

＜材料＞
・牛乳1パック
・バナナ1本
・みかん1こ

　ある日，牛乳を9パック，バナナを12本，みかんを15こ仕入れました。

　仕入れた材料があまらないように，全部使ってジュースを作りました。作ったジュースの数の合計を答えましょう。ただし，3種類のジュースはどれも，少なくとも1ぱいずつは作りました。

はい

答えは『解答編』の19ページ

通った道を当てよう

情報整理力 🌱🌱🌱　試行錯誤力 🌱🌱　注意力 🌱

取り組んだ日　　月　　日

　右のページの図は，すぐるさんが住んでいる町を表したものです。この図では，建物に対して次の図の色をつけた部分を「面した道」とよぶことにします。

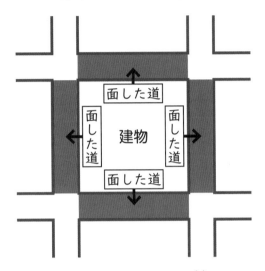

　すぐるさんの日記を読んで，この日すぐるさんが駅から家まで通った道を線でなぞりましょう。ただし，店に立ちよったときは，入り口と出口は同じところだったとします。

《すぐるさんの日記》

- 今日は駅から家まで遠回りせずに帰った。
- 銀行に面した道は通らなかった。
- 駅の目の前のスーパーで買い物をしたが，たまごを買いわすれたことにとちゅうで気がついた。町にあるもう１つのスーパーに立ちよると遠回りになるので，よらなかった。
- 目薬を買いたかったが，ドラッグストアに面した道は通らなかったので，買えなかった。明日は通る道を変えて目薬を買おうと思う。
- 書店に面した道を通ったので，書店に立ちよって，今日発売の本を買った。
- 焼肉屋に面した道を通ったときに，いいにおいがしておなかが鳴った。
- 家に帰ったら，今日の夕飯は焼肉だと言われてうれしかった。

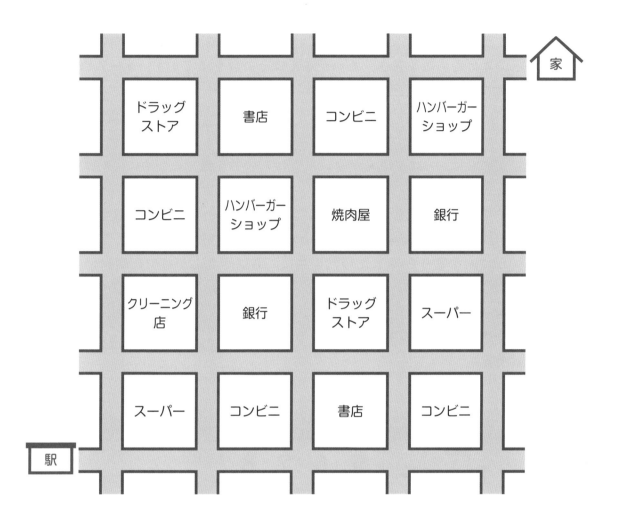

30 4けたの数を当てよう

情報整理力 🌱🌱🌱　論理的判断力 🌱🌱　注意力 🌱

取り組んだ日

月

日

　ちはやさんとたいがさんがゲームをしています。ちはやさんはたいがさんに見えないように紙に4けたの数を書き，たいがさんはその数を当てます。ゲームの ルール は次のとおりです。

> **ルール**
> - たいがさんは，ちはやさんが書いた4けたの数を当てるために，4けたの整数を言う。
> - ちはやさんが書く数もたいがさんが言う数も，1から9までの数字を使った数にする。4けたの数の中で，1つの数字は1回ずつしか使えない。
> - たいがさんが言った4けたの数の中に，ちはやさんが書いた数に使っている数字があるとき，使っている位も同じならば「ヒット」，位がちがうときは「ストライク」ということにする。
> - ちはやさんは，「ヒット」や「ストライク」がいくつあったか，たいがさんに教える。

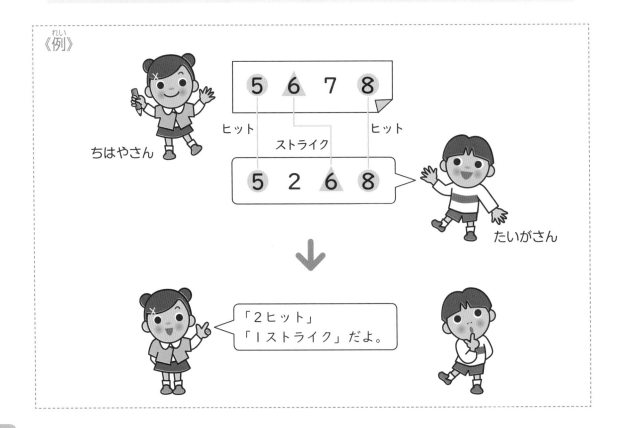

① ちはやさんが書いた数が「1329」で，たいがさんが言った数が「9317」の
とき，ちはやさんは何と答えますか。□に当てはまる数を書きましょう。

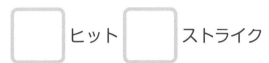

□ ヒット □ ストライク

② ちはやさんが書いた数が「4315」だとします。ちはやさんが「1ヒット1スト
ライク」と答えるのは，たいがさんが次のうちどの数を言ったときですか。当ては
まるものすべてに○をつけましょう。

2835 ・ 6318 ・ 5719 ・ 2865

③ ちはやさんとたいがさんのやりとりが次のようになったとき，ちはやさんが書い
た数を考えて□に書きましょう。

たいが：まずは「2538」だと，どうかな。
ちはや：「1ヒット1ストライク」だよ。
たいが：次は，「2369」なら，どうだろう。
ちはや：残念，「0ヒット0ストライク」だよ。
たいが：うーん，「1587」だと，どうなるかな。
ちはや：それなら「0ヒット3ストライク」だね。
たいが：なら，「1458」はどうかな。
ちはや：「1ヒット2ストライク」になるよ。

たいが：ちはやさんが書いた数がわかったよ。 ☐ ☐ ☐ ☐ だね！

ちはや：「4ヒット0ストライク」，正解だよ！

③は，まずはちはやさんが書いた数に使われている4つの数字を考えてみよう。

答えは『解答編』の21ページ

31 じゃんけんの手を考えよう

情報整理力 🌱🌱🌱　論理的判断力 🌱🌱🌱　試行錯誤力 🌱

　かなでさん，ひびきさん，すずねさんの3人が，次のルールでじゃんけんをしました。

ルール
- パーで勝つと5点，チョキで勝つと3点，グーで勝つと2点もらえる。
- あいこのときは，全員が1点もらえる。
- 負けたら点はもらえない。

　3人の話に合うように，3人がそれぞれ1回目，2回目，3回目に出した手を◯◯に書きましょう。

かなでさん

1回目にグーを出したよ。
結果は9点で，1位だったんだ。

ひびきさん

2回目にチョキを出したよ。
結果は4点で，2位だったよ。

すずねさん

3人とも，グー，チョキ，パーの手を
1回ずつ出したよ。
わたしは1点しかとれなかったんだ。

	かなでさん	ひびきさん	すずねさん
1回目	グー	(あ)	(い)
2回目	(う)	チョキ	(え)
3回目	(お)	(か)	(き)
結果	9点	4点	1点

すずねさんの点の合計が 1 点だから，あいこが 1 回あったとわかるね。かなでさんが勝ったのは，どの手を出したときかな。

答えは『解答編』の22ページ

32 鉄のぼうを見つけよう

情報整理力 🌱🌱🌱　　論理的判断力 🌱🌱　　注意力 🌱

取り組んだ日　月　日

　じしゃくは，ちがう極どうしを近づけると引き合い，同じ極どうしを近づけるとしりぞけ合います。また，じしゃくは鉄を，向きに関係なく引きつけます。

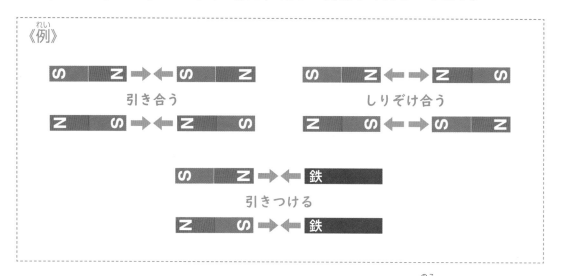

　4本のぼうがあります。このうち3本はじしゃくのぼうで，残りの1本は鉄のぼうです。

　それぞれのぼうの，かたほうのはしに，**ア，イ，ウ，エ**と書かれたシールをはりました。これらを2本ずつ選び，はしとはしを近づけると，右の図の①～⑤のようになりました。鉄のぼうは，**ア，イ，ウ，エ**のどのシールをはったぼうですか。記号で答えましょう。

①  ア　　→　←　イ　　くっついた

② イ　　→　←　ウ　　くっついた

③ ウ　　←　　→　エ　　しりぞけ合った

④ エ　　→　←　ア　　くっついた

⑤ ア　　→　←　ウ　　くっついた

じしゃくは必ず，一方のはしがN極，もう一方のはしがS極になっているよ。

33 もとの漢字を当てよう

連想力 🌱🌱🌱 試行錯誤力 🌱🌱 情報整理力 🌱

取り組んだ日

月

日

　ある漢字から，いろいろなことを思いうかべました。もとの漢字を考えて，□に書きましょう。

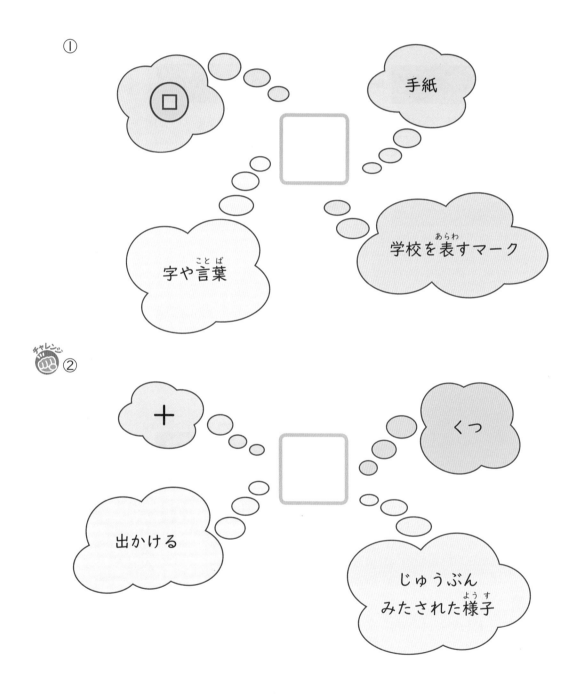

①

- 🔲
- 手紙
- 学校を表すマーク
- 字や言葉

チャレンジ ②

- ＋
- くつ
- 出かける
- じゅうぶんみたされた様子

③

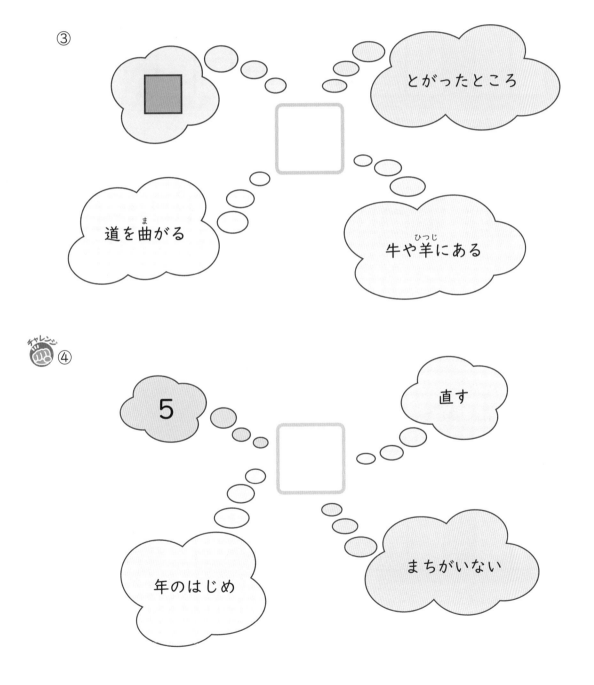

とがったところ

道を曲がる

牛や羊にある
ひつじ

チャレンジ ④

5

直す

年のはじめ

まちがいない

答えは『解答編』の24ページ

34 時刻を答えよう

情報整理力 🌱🌱🌱　論理的判断力 🌱🌱　試行錯誤力 🌱

かけるさんの家の時計は，次のあ～このわくに1つずつ数字が表示されて，月，日，時，分，秒がそれぞれ2けたの数で表される仕組みになっています。時刻は24時制（00時00分～23時59分）で表されます。

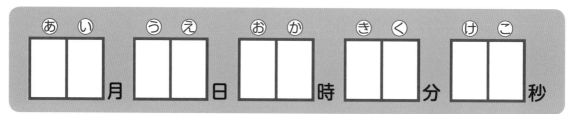

《例》 1月23日の，午後1時23分45秒のときの時計

　ある日の夕食後，かけるさんが時計を見たところ，次のようになっていました。かけるさんが時計を見た時刻になるように，□に数字を書き入れましょう。答えは，ふだん使う数字の書き方（「2」ではなく「2」）で書きましょう。

- あ～このわくに，0～9までの数字が1つずつ表示されていた。
- うとえ，おとか，けとこをたすと，どれも10だった。
- 2けたの数きくとけことをたすと，99だった。

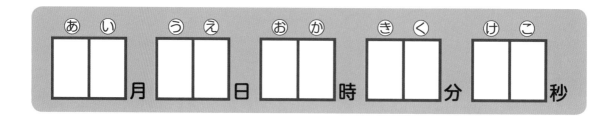

 おかは「時」を表しているから，いちばん大きくても23までの数しか入らないね。

答えは『解答編』の25ページ

35 何問正解したか考えよう

論理的判断力 🌱🌱🌱　情報整理力 🌱🌱　試行錯誤力 🌱

① まいかさんは，3点の問題が10問，7点の問題が10問の，合計100点満点の
テストを受けました。まいかさんの結果は83点でした。3点の問題と7点の問題
を，それぞれ何問正解したか答えましょう。

3点の問題 …… [　　] 問

7点の問題 …… [　　] 問

② まいかさんは別の日に，6点の問題が6問，7点の問題が4問，9点の問題が4
問の，合計100点満点のテストを受けました。まいかさんの結果は65点でした。
6点の問題，7点の問題，9点の問題を，それぞれ何問正解したか答えましょう。

6点の問題 …… [　　] 問

7点の問題 …… [　　] 問

9点の問題 …… [　　] 問

①で83点とれたということは，100−83＝17（点）分をまちがえたという
ことだね。

答えは『解答編』の26ページ

36 おしたボタンを当てよう

情報整理力　論理的判断力　試行錯誤力

次のように，数が書かれた 10 このライトと，6 このボタンがあります。

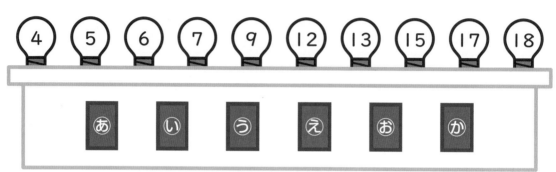

それぞれのボタンをおすと，次のようにライトが消えるしくみになっています。消えたライトは，もう１度つくことはありません。

- ㋐ １けたの数が書かれたライトが消える
- ㋑ ２けたの数が書かれたライトが消える
- ㋒ ２でわりきれる数が書かれたライトが消える
- ㋓ ３でわりきれる数が書かれたライトが消える
- ㋔ 一の位が「5」の数が書かれたライトが消える
- ㋕ 一の位が「7」の数が書かれたライトが消える

《例》

㋓のボタンをおしたとき

→ 6，9，12，15，18 が書かれたライトが消えます。

① ボタンを 2 つおしたところ，5，7，9 のライトがついていて，ほかのライトが すべて消えました。おしたボタンを記号で答えましょう。

② ボタンを 2 つおしたところ，7，9，13，17 のライトがついていて，ほかのライトがすべて消えました。おしたボタンを記号で答えましょう。

③ ボタンを 3 つおしたところ，13 のライトがついていて，ほかのライトがすべて消えました。おしたボタンを記号で答えましょう。

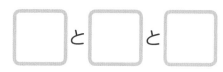

 おしていないボタンがどれかを考えてみよう。

虫クイズにちょうせんしよう

情報整理力 🌱🌱🌱　論理的判断力 🌱🌱

　虫が大好きなしんごさんは，お父さんと博物館で虫クイズにちょうせんしています。
あ，い，お，か，きにはあてはまる生き物の名前を，うにはあてはまる数を書きましょ
う。また，えにあてはまる言葉を選んで○をつけましょう。

《虫クイズ》わたしはだれでしょう。

〈ヒント１〉 わたしは水の中にすんでいます。

〈ヒント２〉 わたしはこん虫です。

〈ヒント３〉 わたしの成虫は肉食です。

〈ヒント４〉 わたしはよう虫から成虫になるときにさなぎになりません。

ミズグモ

アメリカザリガニ

ガムシ

ゲンゴロウ

タガメ

モンシロチョウ

トノサマバッタ

しんご：水の中にすんでいる虫についての問題だね。絵にかかれている生き物はどれもおとなのときのものなの？

父　：そうだよ。まずはどこにすんでいるか考えてみようか。

┌─────────────────┐
│　　　　あ　　　　│　は花のみつをえさにしているし，
└─────────────────┘

┌─────────────────┐
│　　　　い　　　　│　はススキやエノコログサなどの陸の植物を
└─────────────────┘

えさにしているから，それらは水の中にすんでいないことがわかるね。

しんご：〈ヒント2〉でこん虫と言っているけれど，この7種類の中にこん虫ではない生き物が入っているの？

父　：こん虫の特ちょうを思い出してごらん。

しんご：こん虫の特ちょうは，「あしが6本」「からだが3つに分かれている」「全部のあしがむねからはえている」だよね。

父　：そうだったね。その特ちょうに当てはまらない生き物は，この中で何種類いるかな？

しんご：┌─────────┐
　　　　│　　う　　│　種類だ！
　　　　└─────────┘

父　：そうだね。それから，ガムシの成虫はおもに水草や落ち葉を食べているよ。

しんご：肉食の生き物は，おもにほかの動物を食べて生きているから，そうすると，

┌──────────────────────────────┐
ガムシは │ え　肉食だね ・ 肉食ではないね │ 。
└──────────────────────────────┘

じゃあ，〈ヒント1〉から〈ヒント3〉にあてはまるのは

┌─────────────────┐　　　┌─────────────────┐
│　　　　お　　　　│　と　│　か　　　　　　　│　だね。
└─────────────────┘　　　└─────────────────┘

最後の〈ヒント4〉はむずかしいな……。

父　：ゲンゴロウとガムシはカブトムシ，タガメはトンボやバッタと同じような成長のしかたをするよ。

しんご：わかった，クイズの答えは ┌─────────────────┐ だね！
　　　　　　　　　　　　　　　　│　　　き　　　　　│
　　　　　　　　　　　　　　　　└─────────────────┘

答えは『解答編』の27ページ

38 誕生日を当てよう

情報整理力 🌱🌱🌱　論理的判断力 🌱🌱

ふみやさんとみのりさんが，ふみやさんの誕生日について話しています。2人の話に合うように，あ〜きにあてはまる数を入れましょう。また，くにあてはまる日付に○をつけましょう。

ふみや：ぼくの誕生日は，ある月の31日なんだ。

みのり：31日がある月は，

1月，あ　　　月，い　　　月，う　　　月，

え　　　月，お　　　月，か　　　月だよね。

ふみや：そう，その中のどれかの月の31日だよ。
　　　　実は1月ではないんだけれど，今年の誕生日が何曜日なのかは，1月のカレンダーを見ればわかるんだ。

みのり：それってどういうこと？

ふみや：ぼくの誕生日のある月と，1月で，カレンダーを見くらべると，どの日付も曜日がぴったり同じになるんだ。

1月						
日	月	火	水	木	金	土
			1	2	3	4
5	6	7	8	9	10	11
12	13	14	15	16	17	18
19	20	21	22	23	24	25
26	27	28	29	30	31	

?月						
日	月	火	水	木	金	土
			1	2	3	4
5	6	7	8	9	10	11
12	13	14	15	16	17	18
19	20	21	22	23	24	25
26	27	28	29	30	31	

※祝日の表示は省略しています。

みのり：なるほど，それは便利だね。

つまり，ふみやさんの誕生日は，　⑧　　　月 31 日だね。

ふみや：その通りだよ。
でも，これは，うるう年ではない年にしか使えない方法なんだ。うるう年のときは，曜日が 1 つずつずれてしまうからね。

みのり：うるう年のときは，　◎　1 月 30 日・2 月 1 日　と同じ曜日になるんだね。

 1 月 1 日が水曜日だとして，2 月 1 日，3 月 1 日，…が何曜日になるか，1 つずつ調べてみよう。

答えは『解答編』の27～28ページ

かりんさんは，夏休み最終日になって，絵日記の宿題が終わっていないことに気づきました。先週の月曜日から金曜日に友達と遊んだので，その思い出を絵日記に書きたいと思います。

ところがこまったことがあります。どの日も１人の友達と１つの場所に行って，おみやげを１つ買ったことは覚えているのですが，だれとどこに行ったのかをわすれてしまいました。

この５日間についてかりんさんが覚えていることは，下のメモに書いていることだけです。このメモをたよりに，かりんさんを助けてあげましょう。

《かりんさんが覚えていること》

- はるかさんとは水曜日に遊んだ。
- 月曜日に行った場所ではおかしを買った。
- 金曜日に水族館に行った。
- れいあさんといっしょに遊んだときに，
  おそろいのキーホルダーを買った。
- 動物園ではぬいぐるみを買った。
- ブレスレットを買ったのはゆきのさんと遊んだ日の３日後だった。
- さゆりさんと遊んだのは，月曜日か火曜日のどちらかだった。
- 遊園地に行った日は科学館に行った日より前だった。
- まゆみさんとは映画館に行った。そのときに前日遊びに行った場所で買ったハンカチを見せた。

	月曜日	火曜日	水曜日	木曜日	金曜日
いっしょに遊んだ友達					
行った場所					
買った物					

 表を使って，まとめながら考えよう。

① まゆみさんと遊んだ曜日を答えましょう。

曜日

② 科学館で買った物を答えましょう。

③ いっしょに動物園に行った人を答えましょう。

さん

 ①は，まゆみさんと遊んだ日の前日にハンカチを買っているから，まゆみさんと遊んだのは月曜日や火曜日でないことがわかるよ。

答えは『解答編』の29ページ

40 カードをひっくり返そう

論理的判断力 ❧❧❧ 情報整理力 ❧❧ 注意力 ❧

取り組んだ日

月

日

1から12までの数が書かれたカードが1まいずつあります。この12まいのカードをつくえの上にすべて表向きにならべたあと，次の**ア**〜**エ**の めいれい にしたがってカードをひっくり返します。

めいれい

ア 2でわり切れる数が書かれたカードをひっくり返す。

イ 3でわり切れる数が書かれたカードをひっくり返す。

ウ 4でわり切れる数が書かれたカードをひっくり返す。

エ 5でわり切れる数が書かれたカードをひっくり返す。

表向きになっているカードをひっくり返すとうら向きになり，うら向きになっているカードをひっくり返すと表向きになります。

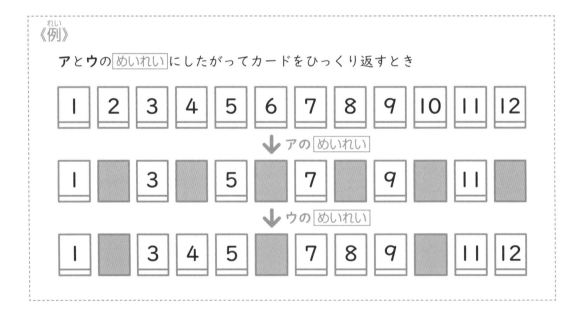

《例》

アと**ウ**の めいれい にしたがってカードをひっくり返すとき

| 1 | 2 | 3 | 4 | 5 | 6 | 7 | 8 | 9 | 10 | 11 | 12 |

↓ アの めいれい

| 1 | | 3 | | 5 | | 7 | | 9 | | 11 | |

↓ ウの めいれい

| 1 | | 3 | 4 | 5 | | 7 | 8 | 9 | | 11 | 12 |

どの めいれい を先にしても，同じ結果になるよ。ためしてみよう。

☐にあてはまる記号を書き入れましょう。

①　すべて表向きにならべたところから，│ イ │と│　　│の│めいれい│にした

がってカードをひっくり返すと，表向きになるカードは1，2，4，7，8，11

の6まいです。

②　すべて表向きにならべたところから，│　　│と│　　│の│めいれい│にした

がってカードをひっくり返すと，表向きになるカードは1，3，7，9，10，11

の6まいです。

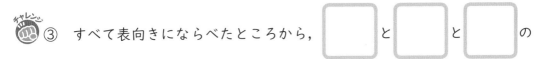③　すべて表向きにならべたところから，│　　│と│　　│と│　　│の

│めいれい│にしたがってカードをひっくり返すと，うら向きになるカードは2，3，

9，10，12の5まいです。

選んだカードを当てよう①

情報整理力 🌱　論理的判断力 🌱🌱🌱　試行錯誤力 🌱🌱

　箱の中に，1から9までの数が書かれたカードが1まいずつあります。まさよしさん，きよたかさん，こうすけさんの3人が，それぞれ3まいずつカードを取りました。取ったカードや，3まいのカードに書かれた数をたした答えとかけた答えについて，次のことがわかりました。3人が取ったカードを答えましょう。

6のカードを取ったのはぼくだよ。3まいのカードに書かれた数をかけた答えは，3人の中でいちばん小さかったよ。

まさよしさん

4のカードを取ったのはぼくだよ。3まいのカードに書かれた数をかけた答えは，3人の中でいちばん大きかったよ。

きよたかさん

2のカードを取ったのはぼくだよ。3まいのカードに書かれた数をたした答えは，まさよしさんより1小さくて，きよたかさんより1大きかったんだ。

こうすけさん

こうすけさんの話から，3まいのカードに書かれた数をたした答えがそれぞれわかるよ。次に，「1」のカードを取った人がだれなのかを考えてみよう。

答えは『解答編』の31ページ

42 クッキーを分けよう

論理的判断力 ❦ ❦ ❦　情報整理力 ❦ ❦ ❦　注意力 ❦

12 まいのクッキーがあります。4 まいはバニラクッキー，4 まいはチョコクッキー，4 まいはまっちゃクッキーです。

あんなさん，ゆりかさん，ももよさん，せりなさんの 4 人で 3 まいずつ食べました。4 人の話に合うように，それぞれどの種類のクッキーを何まい食べたかを答えましょう。

あんな：チョコクッキーがすごくおいしかったな。あと，バニラクッキーもおいしかったよ。

ゆりか：わたしは，バニラクッキーは食べなかったよ。でも，バニラクッキーもおいしそうだったね。

ももよ：わたしはまっちゃクッキーが好きだから，2 まい食べたよ。

せりな：全部おいしそうだったから，全部の種類のクッキーを食べたんだ。

	バニラクッキー	チョコクッキー	まっちゃクッキー
あんなさん	まい	まい	まい
ゆりかさん	まい	まい	まい
ももよさん	まい	まい	まい
せりなさん	まい	まい	まい

答えは『解答編』の32ページ

43 おもりの重さを考えよう

論理的判断力 🌱🌱🌱　情報整理力 🌱🌱🌱　注意力 🌱

ア，イ，ウの3種類のおもりがあります。同じ種類のおもりは同じ重さです。①〜③のそれぞれの場合の，ア，イ，ウのおもりの重さを答えましょう。

①

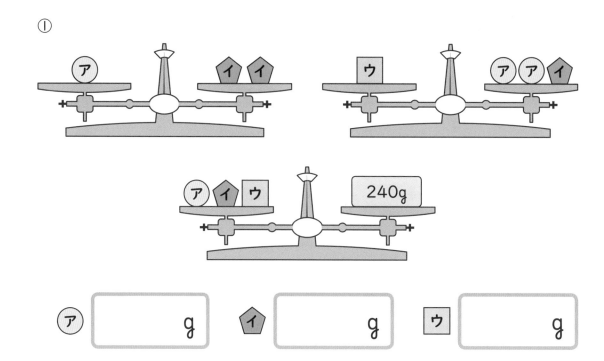

ア ［　　　　　g ］　イ ［　　　　　g ］　ウ ［　　　　　g ］

②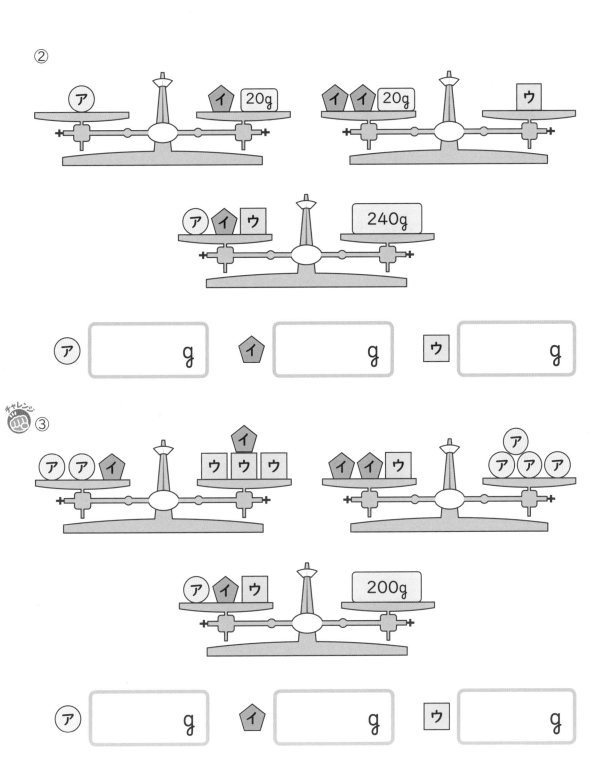

箱の中に，1から9までの数が書かれたカードが1まいずつあります。みはるさんがこの中から4まい選び，だいちさんがその4まいのカードを当てるゲームをします。ゲームの ルール は次のとおりです。

ルール

- だいちさんは，みはるさんが選んだカードに書かれている数を当てるために，数を4つ言う。

- だいちさんが言った数の中に，みはるさんが選んだカードに書かれている数があったら，みはるさんはその数をすべてたし算して，答えをだいちさんに教える。

《例》

みはるさんが選んだカード

| 1 | 2 | 3 | 4 |

だいちさんが言った数

「1と2と3と8」

→ 1 + 2 + 3 = 6 だから，みはるさんは「6」と答えます。

みはるさんとだいちさんのやりとりが次のようになったとき，みはるさんが選んだカードに書かれている数をそれぞれ考えて，□に書きましょう。

①

　だいち：まずは「1 と 2 と 3 と 4」だと，どうかな。

　みはる：たし算した答えは「5」だよ。

　だいち：じゃあ，「1 と 4 と 6 と 8」だと，いくつになるかな。

　みはる：たし算した答えは「11」だよ。

　だいち：最後に「2 と 5 と 7 と 9」だと，いくつかな。

　みはる：たし算した答えは「9」だよ。

　だいち：わかった，答えは □ と □ と □ と □ だね。

　みはる：正解です！

 ②

　だいち：まずは「1 と 6 と 7 と 9」だと，どうかな。

　みはる：たし算した答えは「7」だよ。

　だいち：じゃあ，「2 と 4 と 6 と 8」だと，いくつになるかな。

　みはる：たし算した答えは「10」だよ。

　だいち：最後に「3 と 4 と 7 と 8」だと，いくつかな。

　みはる：たし算した答えは「15」だよ。

　だいち：わかった，答えは □ と □ と □ と □ だね。

　みはる：正解です！

答えは『解答編』の34ページ

45 いくつ買ったか考えよう

取り組んだ日

情報整理力 試行錯誤力 論理的判断力

月　日

あすかさん，かりなさん，さおりさん，たまおさんの４人が，シュークリームとプリンを買いました。シュークリームは１こ，２こ，３こ，４こ買った人がそれぞれ１人ずつ，プリンも１こ，２こ，３こ，４こ買った人がそれぞれ１人ずついます。

　４人の話に合うように，４人がシュークリームとプリンをそれぞれ何こずつ買ったのかを□に書きましょう。

あすかさん

「買ったシュークリームとプリンの数の合計は，わたしとたまおさんが同じだったね。」

かりなさん

「わたしが買ったプリンの数は，さおりさんが買ったシュークリームの数と同じだったよ。」

さおりさん

「わたしが買ったプリンの数は，たまおさんが買ったシュークリームの数と同じだったね。わたしはシュークリームよりプリンを多く買ったんだ。」

たまおさん

「わたしもシュークリームよりプリンを多く買ったよ。」

	シュークリーム	プリン
あすかさん	こ	こ
かりなさん	こ	こ
さおりさん	こ	こ
たまおさん	こ	こ

 かりなさん，さおりさん，たまおさんが買ったプリンの数の関係を考えてみよう。

46 カードに書かれた数を当てよう②

情報整理力 🌱🌱🌱　論理的判断力 🌱🌱🌱　推理力 🌱

箱の中に，1，2，3，4，5の数が書かれたカードが1まいずつあります。かずまさんとけんじさんが，箱の中から1まいずつ，数を見ないで選びます。選んだら，相手に見えないように自分のカードに書かれた数を見ます。

① カードに書かれた数を見たかずまさんは，「ぼくのカードは，けんじさんより大きい数だとわかったよ」と言いました。かずまさんが引いたカードに書かれていた数を答えましょう。

② 引いたカードを箱にもどして，もう1回カードを選びました。引いたカードについて，2人が話をしています。

かずま：けんじさんは，けんじさんが引いたカードとぼくが引いたカードのどちらが大きいか，わかった？

けんじ：いいや，自分が引いたカードを見ただけではわからないよ。

かずま：ぼくも，自分が引いたカードを見ただけではわからなかったよ。でも，けんじさんがわからないと言ったのを聞いたらわかったんだ。ぼくのほうが，大きい数が書いてあるカードだ！

かずまさんが引いたカードに書かれていた数を答えましょう。

自分が引いたカードを見ただけでは，自分と相手のどちらが大きいかわからないカードは，3まいあるね。

82

答えは『解答編』の36ページ

かすみさんは秋田県，奈良県，滋賀県，愛媛県の郷土料理について調べ学習をし，ひろきさんと先生と３人で話をしました。次のメモは，４つの郷土料理について調べたことです。３人の話を読んで，郷土料理と県名が正しい組み合わせになるように，線でつなぎましょう。

郷土料理は，昔から伝わる地方独特の料理のことで，その地方でとれた食材を使うことが多いよ。

かきの葉ずし

・塩づけにしたサバを使っている
・かんそうしたり，くさったりするのをふせぐため，葉でまく

もぶりずし

・地元のさまざまな海産物を使ったちらしずし
・地元の海の小魚からだしをとって，酢に合わせて使う

フナずし

・塩づけにしたフナを使っている
・発酵させる

ハタハタずし

・ハタハタを使っている
・発酵させる

この問題は次のページに続きます

先生　：郷土料理の調べ学習はできましたか。

かすみ：はい。わたしは郷土料理のおすしを4つ調べました。

先生　：郷土料理の中でも，おすしに注目したのですね。2人はふだん，どんなおすしを食べますか？

ひろき：ぼくの家では，おすしといえばマグロです。

かすみ：わたしはブリのおすしが好きです。

先生　：それらは海の魚ですね。ではまず，かすみさんが調べた4つのおすしについて，使っている魚に注目してみましょう。この4つのおすしには，海の魚でない魚を使ったものが1つありますね。

ひろき：どれだろう。もぶりずしの説明には「海産物」という言葉が入っているから，海の魚を使っているみたいだし。

かすみ：フナは川や湖でとれるよ。フナずしで有名な県は海がないけれど，日本一大きい湖があるから，フナはそこでとれるんだ。

ひろき：海がない県では，海の魚を郷土料理に使うことはできないのかな。

先生　：海はなくても，海がある県から魚を運んできて，郷土料理に使用している県もあります。

かすみ：遠くから運んでくるなんて，今では当たり前だけれど，昔は大変だったみたいだよ。とくに魚はくさりやすいからね。

先生　：そうですね。だから，生の魚を運ぶのではなく，くさらないように塩づけにしたり発酵させたりして，加工してから運んでいました。この4つのおすしの中にも，海の魚を使っている，海に面していない県のおすしが1つありますね。これもくさらないように加工してあります。

ひろき：昔の人のくふうでうまれた料理が，今も伝わっているのですね。ところで，「発酵」って何ですか？

先生　：目に見えないほど小さな微生物が，食べ物から栄養をとると，その食べ物は元とはちがったものになります。このうち，人間にとって都合のよいものに変わることが「発酵」です。たとえば，チーズは牛乳が発酵したものです。発酵食品はほぞんがきくと言われています。

ひろき：ハタハタずしの説明にも「発酵させる」とありますが，これは海がある県のおすしですよね。遠くに運ばなくてよいのに，どうして発酵させる必要があったのですか？

先生：よいところに気がつきましたね。雪深い地域では，冬に食材を手に入れる
　　　のがむずかしいため，ほぞん食がつくられることが多かったのです。ハタ
　　　ハタずしも，冬のほぞん食だったのですよ。

かすみ：ほぞんがきくようにする理由にもいろいろあって，おどろきました。

ひろき：郷土料理っておもしろいな。ぼくの地元についても調べてみよう。

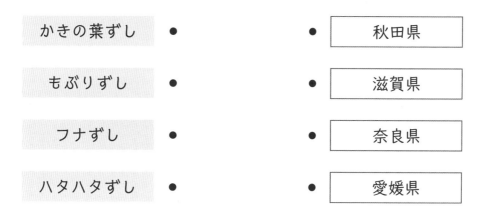

かきの葉ずし　●	● 秋田県
もぶりずし　●	● 滋賀県
フナずし　●	● 奈良県
ハタハタずし　●	● 愛媛県

答えは『解答編』の37ページ

48 発明について調べよう

論理的判断力 🌱🌱🌱　情報整理力 🌱🌱🌱　注意力 🌱

乗り物が大好きなたかみちさんは，乗り物に関する発明をした4人の人物について調べました。

発明の年や人物についてはいろいろな説が見つかったんだ。その中でも特に有力な説を調べたよ。調べたことは次の①～⑥のとおりだよ。

たかみちさん

《たかみちさんが調べたこと》

① ドレベル，ミショー，オーチス，ピアソンの4人は，地下鉄，せんすいかん，エレベーター，自転車のいずれかに関する発明をした人物である。

② 1800年代のイギリスでは，市内に建物や車がふえたことによって，交通じゅうたいがひどかった。イギリスのある法律家は，この問題を解決するために「排水路を走る列車」というアイデアを発表した。はじめはこのアイデアは人びとにばかにされたが，この人物は努力をやめなかった。アイデアの発表から18年後，ついに実現し，今では，世界中の約100の都市で利用されている。この発明と同じ年には，フランスでミショーが自転車に関する発明をした。

③ 4つのうちいちばん古い発明品は，オランダの発明家によって作られた海にもぐる乗り物で，当時は皮と木で作られた。さらに，当時のエンジンは水中で使うには向いていなかったうえ，プロペラを手で回さなくてはならなかった。そのため，当時は海の中に数時間しかもぐれなかったが，今では何日間ももぐれるほどじょうぶなつくりをしている。

④ 自転車は，世界中でいちばん多くの人が利用する乗り物である。

⑤ オーチスは法律家ではなく，せんすいかんを発明した人でもない。

⑥ エレベーターのように，台を上下に動かして物や人を運ぶ仕組みは2000年以上前からあったが，アメリカのある発明家によって，落下をふせぐ新しい仕組みが追加され，今のような形になった。この人物は，たくさんの人の前で自分が乗ったエレベーターのロープを切るというあぶない実験をして，新しい仕組みのよさをアピールした。このエレベーターは，ピアソンが発明をした年よりも前に発明された。

たかみちさんは，調べたことを表にまとめました。㋐〜㋚にあてはまる言葉や数を，それぞれの ____ から選んで書きましょう。また，㋛，㋜にはア，イからあてはまる記号を選んで書きましょう。

	発明A	発明B	発明C	発明D
人名	㋐	㋑	㋒	㋓
発明品が完成・実現した年	㋔　　　年	㋕　　　年	㋖　　　年	1863 年
発明品	㋗	㋘	㋙	㋚
特ちょう	㋛	今では世界の約100の都市で利用されている	当時は皮と木で作られた	㋜

㋐〜㋓

ドレベル・ミショー・オーチス・ピアソン

㋔〜㋖

1620・1852・1863

㋗〜㋚

エレベーター・地下鉄・せんすいかん・自転車

㋛，㋜

ア　世界中でいちばん多くの人に使われている乗り物

イ　発明者がたくさんの人の前であぶない実験をした

答えは『解答編』の38ページ

49 あなをうめよう

情報整理力 🌱🌱🌱　推理力 🌱🌱　連想力 🌱

取り組んだ日
月　日

道にあながあいています。ブルドーザーがブロックを運ぶと道のあながふさがりました。

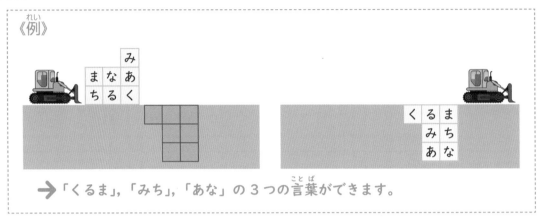

《例》

→「くるま」,「みち」,「あな」の3つの言葉ができます。

　あなとブロックが次のようになっているとき，ブルドーザーがブロックを運ぶと道のあながふさがって，3つの言葉ができます。できた3つの言葉のうち，道の上に残る文字でできる言葉にあてはまるものを，1つ選んで答えましょう。

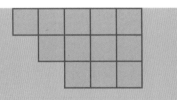

	ん	た
ね	い	と	な
に	ど	う	て
ち	か	ば	ん
し	い	す	た
な	び	よ	き

あなの中に入った文字や，道の上に残る文字は，横向きに読んでみよう。

答えは『解答編』の39ページ

火山と天気を調べよう

情報整理力 🌱🌱🌱　論理的判断力 🌱🌱　連想力 🌱

取り組んだ日

月

日

いよいよ最後の問題だよ。難しいけれど，がんばってチャレンジしよう！

🏅 かなえさんとお父さんが，いっしょに見に行った写真展について話しています。

かなえ：この前見に行った富士山の写真展，とっても
　　　　おもしろかったね。とくに，かさ雲の写真が
　　　　よかったなあ。

父：「富士山にかさ雲ができると雨」と昔からい
　　　われているよ。知っているかな？

かなえ：知らなかったよ。どうしてそういわれている
　　　　の？

〈かさ雲がかかった富士山〉

父：　　あ　かわいた ・ しめった　　空気が海から運ばれてきて富士山にぶ

つかると，山にそって空気がのぼっていって冷やされて，雲ができるんだよ。

かなえ：なるほど，　あ　空気がやってきて，雨になりやすい時にかさ雲ができるん
　　　　だね。

父：富士山と天気で思い出したけれど，富士山の南側にある静岡県ではお茶
　　　が有名で，かつては3月から5月の初めごろまで「遅霜予報」という独
　　　特の予報が発表されていたんだよ。

かなえ：遅霜って何？

父：3月から5月におりる霜のことだよ。お茶はチャノキという植物からつ
　　　み取った葉やくきを，むしたりかんそうさせたりして作るんだよ。新茶や
　　　一番茶とよばれる最も高級でおいしいとされるお茶は，3月ごろから成
　　　長を始めた新芽を5月ごろにつみ取って出荷するんだよ。その時期に霜
　　　がおりると　　　い　　　　。

かなえ：そうか，霜がおりるときは，対策が必要なんだね。お茶は，鹿児島県でも
　　　　たくさん作られているって学校で習ったよ。

この問題は次のページに続きます ▶▶

父：そうだね。鹿児島県は豚肉（ぶたにく）やサツマイモなども名産（めいさん）だね。それから，今もひんぱんに噴火（ふんか）している桜島（さくらじま）も有名だよ。桜島が噴火すると，周（まわ）りに火山灰（かざんばい）を降（ふ）らせることが多いから，鹿児島県では

> ⑤ 波浪注意報（はろうちゅういほう）・ 大雨警報（けいほう）・ 降灰予報（こうはいよほう）・ 濃霧注意報（のうむちゅういほう）

が発表されることがよくあるよ。

① あにあてはまる言葉（ことば）に〇をつけましょう。ただし，2回出てくるあには同じ言葉が入ります。

② いにあてはまるものを選（えら）んで，記号（きごう）に〇をつけましょう。

A　よりおいしいお茶ができるようになるんだよ

B　寒（さむ）くてお茶農家（のうか）の人が作業（さぎょう）できなくなるんだよ

C　新芽がいたんでしまって，新茶の価値（かち）が下がってしまうんだよ

③ ⑤にあてはまる言葉に〇をつけましょう。

 漢字（かんじ）の意味（いみ）から考えてみよう。わからない漢字は辞書（じしょ）で調（しら）べてみてもいいね。

かなえさんは桜島について調べました。

〈桜島〉

かなえ：なんだか桜島と富士山は形がにているね。どうしてかな。

父：桜島と富士山は，溶岩の元になるマグマのねばり気が同じくらいの火山だから形がにているんだよ。たとえば，北海道の昭和新山のようにおわんをふせたような形をしている火山は，ねばり気が強いどろっとしたマグマだったから，噴火した時に溶岩があまり流れず，もり上がったようになったんだよ。ハワイのマウナケア山のように平たい形をしている火山は，水のようにねばり気の少ないマグマで，火口から溶岩がさらさらと流れ出すような噴火をしたんだ。桜島や富士山のマグマのねばり気は，その中間くらいだよ。

〈昭和新山〉

〈マウナケア山〉

溶岩は，マグマが地表に流れ出たものだよ。とけて流れているものも，冷えて固まったものも，どちらも溶岩とよぶよ。

溶岩
マグマ

かなえ：富士山が火山だなんて知らなかった！

父：ちなみに，マグマのねばり気は二酸化ケイ素という物質の割合によって決まるんだよ。二酸化ケイ素の割合が大きいマグマほど，ねばり気が強いんだよ。冷えて固まったときの色は，ねばり気が強いマグマほど白っぽく見えることが多く，ねばり気が弱いマグマほど黒っぽく見えることが多いよ。

この問題は次のページに続きます

④ かなえさんは，火山とマグマについてわかったことを表にまとめました。□に
あてはまるものを，下の □ から選んで書きましょう。ただし，同じ言葉は１回
ずつしか使えません。

マグマの ねばり気	強い （どろっとしている）	中間	弱い （さらさらしている）
二酸化ケイ素 の割合		中間	
冷えて固まった ときの色		灰色っぽい	
火山の例			

> 大きい ・ 小さい ・ 黒っぽい ・ 白っぽい
> マウナケア山 ・ 富士山 ・ 昭和新山

答えは『解答編』の40ページ

さいごまで，
よくがんばりました！

Ｚ会　小学生のための思考力ひろがるワーク
標準編　しぼりこみ

初版第 1 刷発行　　2021 年 7 月 10 日
初版第 3 刷発行　　2022 年 11 月 10 日

編者　　Ｚ会編集部
発行人　藤井孝昭
発行所　Ｚ会
　　　　〒 411-0033　静岡県三島市文教町 1-9-11
　　　　【販売部門：書籍の乱丁・落丁・返品・交換・注文】
　　　　TEL　055-976-9095
　　　　【書籍の内容に関するお問い合わせ】
　　　　https://www.zkai.co.jp/books/contact/
　　　　【ホームページ】
　　　　https://www.zkai.co.jp/books/
装丁　　山口秀昭（Studio Flavor）
印刷所　シナノ書籍印刷株式会社

ISBN　978-4-86290-341-9

Z会 小学生のための 思考力ひろがるワーク

標準編 しぼりこみ

解答編

Z-KAI

答え

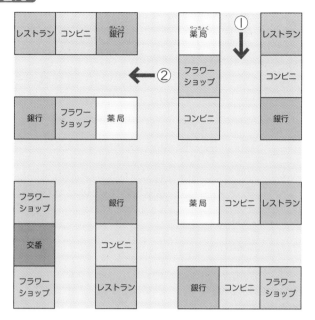

解説

① 　右手にフラワーショップ，左手にコンビニがあり，正面にコンビニが見えるところをさがします。

② 　右手に銀行，左手に薬局があるところは右の図のように2か所あります。2つのうち，薬局のおくにフラワーショップがあるほうを選びます。

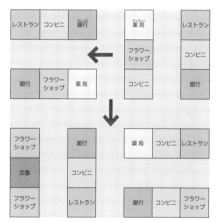

② ひらがなを分けよう　　　　　　　　　　12ページ

答え

あ　つ　　　い　ん　　　う　ふ　　　え　れ　　　お　せ　　　か　よ

③ じょうけんに合う数を見つけよう　　　　13ページ

答え

① 44, 46, 60　　② 31, 40, 53　　③ 48, 49

解説

① 2つ目の じょうけん にあてはまらないものを消すと，次のようになります。

31	32	33	34	35	36	37	38	39	40
41	42	43	44	45	46	47	48	49	50
51	52	53	54	55	56	57	58	59	60

② 2つ目の じょうけん にあてはまらないものを消すと，次のようになります。

31	32	33	34	35	36	37	38	39	40
41	42	43	44	45	46	47	48	49	50
51	52	53	54	55	56	57	58	59	60

この中で，一の位の数と十の位の数をたすと 4, 8, 12, 16, 20, 24, 28, 32, 36 になるものをさがします。

③ $3 \times 9 = 27$ で，これは 31 より小さいから，3×1，3×2，…，3×9 はどれも 31 より小さいです。

$4 \times 7 = 28$ で，これは 31 より小さいから，4×1，4×2，…，4×7 はどれも 31 より小さいです。

$5 \times 6 = 30$ で，これは 31 より小さいから，5×1，5×2，…，5×6 はどれも 31 より小さいです。

ある数に 0 をかけた答えは 0 だから，4×0，5×0，6×0 はどれも 0 です。

ここまでに，2つ目の じょうけん にあてはまらないとわかったものを消すと，次のようになります。

31	32	33	34	35	36	37	38	39	40
41	42	43	44	45	46	47	48	49	50
51	52	53	54	55	56	57	58	59	60

$4 \times 8 = 32$，$4 \times 9 = 36$，$5 \times 7 = 35$，$5 \times 8 = 40$，$5 \times 9 = 45$ はどれも，2つ目の じょうけん にあてはまります。

残った数のうち，九九の表に登場するのは，48 と 49 です。

④ くり返しの言葉を当てよう
14ページ

答え

① かんかん　　② がたがた　　③ さくさく

③の⑦は,「宿題をさくさく
終わらせる」のように使うよ。

⑤ 九九のだんを当てよう
15ページ

答え

① 4のだんと6のだん　　② 2のだんと9のだん

③ 5のだんと8のだん　　④ 1のだんと3のだん

解説

どちらの数を先に
書いてもいいよ。

① ● は4のだんの数, ☐ は6のだんの数です。

☐6☐, 20, 28, ☐36☐, ☐48☐

② ● は2のだんの数, ☐ は9のだんの数です。

☐9☐, 10, 16, ☐18☐, ☐45☐

③ ● は5のだんの数, ☐ は8のだんの数です。

☐16☐, 20, ☐40☐, 45, ☐72☐

④ ● は1のだんの数, ☐ は3のだんの数です。

☐3☐, 5, 7, ☐15☐, ☐21☐

[答え]

ア，エ，カ

[解説]

たとえば，次のように進むことができます。

ア 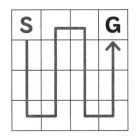 **エ** 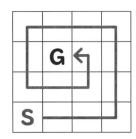 **カ**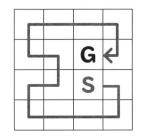

《ワンポイント》
本問は試行錯誤をして解を導くことを想定していますが，次のようにして考えることもできます。
ますをチェス盤のように交互に白黒に塗ると，必ず白→黒→白→黒→…と交互に進むことになります。Sを1番目（奇数番目），Gを16番目（偶数番目）に通るためには，SとGのますの色が異なっている必要があります。

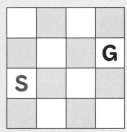

SとGのますの色が同じときは，ルールの通りに進めない

[答え]

1番目…やすひこさん　　2番目…あきひこさん　　3番目…くにひこさん

4番目…みちひこさん　　5番目…かずひこさん

[解説]

　みちひこさんの話が本当だとすると，やすひこさんはかずひこさんに勝ったことになります。これはかずひこさんの話にあわないので，かずひこさん，みちひこさんのどちらかがまちがったことを言っています。

　あきひこさん，やすひこさんの話は正しいので，かずひこさんよりあきひこさん，あきひこさんよりやすひこさんのほうが速いとわかります。ここから，やすひこさんがかずひこさんに勝ったことがわかるので，まちがったことを言っているのはかずひこさんです。

答え

エ，カ

解説

エとカを上，正面，右から見た図は次のようになります。

エ

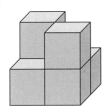

上から見た図

正面から見た図

右から見た図

カ

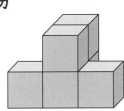

上から見た図

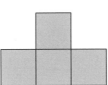

正面から見た図

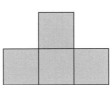

右から見た図

ウは，上から見たときに３つの正方形しか見えないから，あてはまらないね。

《ワンポイント》
ウで，お子さまが「見えないところにも積み木があるかもしれない」と考えていた場合は，「６つの積み木を使っている」という点に注目するよう誘導してあげてください。

⑨ カードに書かれた数を当てよう①　　22ページ

答え

カードの色	赤	青	黄	緑 （みどり）
表（おもて）	7	4	8	1
うら	3	6	2	9

解説

　たした答えが10になる2つの数の組み合わせは，1と9，2と8，3と7，4と6です。このうち，ちがいが2なのは4と6なので，青のカードの表に書かれた数は4，うらに書かれた数は6です。

　赤のカードのうらに書かれた数より，黄のカードの表に書かれた数が5大きく，黄のカードの表に書かれた数より緑のカードのうらに書かれた数が1大きいので，

　・赤のうらが2，黄色の表が7，緑のうらが8
　・赤のうらが3，黄色の表が8，緑のうらが9

のどちらかですが，赤のカードのうらに書かれた数が2のときは，表に書かれた数が8になり，緑のカードのうらに書かれた数と同じになってしまうので，これは合いません。

⑩ 予定を決めよう　　23ページ

答え

8月18日から19日

解説

　7月29日から8月25日のうち，都合（つごう）が悪（わる）い日に印（しるし）をつけると次（つぎ）のようになります。

りょうたさん　　　ようすけさん　　　そうへいさん

　したがって，3人の都合が合うのは，7月29日，31日，8月12日，18日，19日，21日，25日です。キャンプは1泊（ぱく）2日で行うので，8月18日，19日がよいとわかります。

⑪ せんをしめよう　　　　　　　　　　　24〜25ページ

答え

① **イ**，**オ**，**カ**　　② ＡとＤとＧ

③ ＡとＣ　　④ ＢとＦとＧ

解説

② **カ**に水が出てくるので，Ｃのせんはしめていません。**オ**に水が出てこないのでＧのせんを，**キ**に水が出てこないのでＤのせんをしめたとわかります。残りのうち，１つのせんをしめて**ア**，**イ**，**ウ**，**エ**に水が出ないようにできるのはＡのせんです。

③ **ク**に水が出てくるので，Ｄ，Ｈのせんはしめていません。**カ**に水が出てこないので，Ｃのせんをしめたとわかります。残りのうち，１つのせんをしめて**ア**と**ウ**に水が出ないようにできるのはＡのせんです。

④ **ア**，**カ**，**ク**に水が出てくるので，Ａ，Ｃ，Ｄ，Ｅ，Ｈのせんはしめていません。３つのせんをしめているので，残りのＢ，Ｆ，Ｇをしめたとわかります。

⑫ いらないものを見つけよう　　　　　　26ページ

答え

① ２番目　　② ⓘ

解説

① ⓐより妹がいるので，上から６番目や７番目ではありません。ⓘより兄がいるので，１番目ではありません。ⓤより２番目か４番目だとわかり，ⓔより４番目ではないから，２番目です。

② Ｚさんが男ではない（女である）とわかれば，兄がいることがわかります。

答え

アとコ

解説

　イ，オ，クをのせた皿<ruby>皿<rt>さら</rt></ruby>より，ア，エ，キをのせた皿のほうが重<ruby>重<rt>おも</rt></ruby>いので，

　　・ア，エ，キのうち1つか2つがにせ物<ruby>物<rt>もの</rt></ruby>

　　・イ，オ，クは本物

です。

　また，カ，ケをのせた皿より，ウ，コをのせた皿のほうが重いので，

　　・ウ，コのうち1つか2つがにせ物

　　・カ，ケは本物

です。

　ア，イ，ウをのせた皿と，ク，ケ，コをのせた皿はつりあっていて，ウ，コのうち1つか2つがにせ物なので，ア，イ，ウの中に1つ，ク，ケ，コの中に1つのにせものがあります。

　クとケは本物だから，コはにせ物です。また，ア，イ，ウの中に1つ，ア，エ，キの中に1つのにせ物があるので，アはにせ物です。

⑭ もらったプレゼントを当てよう　　　　28〜29ページ

答え

えりさん…**オ**　　まりさん…**ウ**　　みりさん…**エ**

ゆりさん…**イ**　　るりさん…**ア**

解説

包み紙とリボンのもようについてまとめると，次のようになります。

		ア	**イ**	**ウ**	**エ**	**オ**
えりさん			包み紙			リボン
まりさん		リボン		包み紙		
みりさん					包み紙	
ゆりさん			リボン	リボン		
るりさん		包み紙			リボン	

　みりさんのもようは**エ**の包み紙にしか使われていないので，みりさんがもらったプレゼントは**エ**とわかります。

　すると，るりさんは**エ**ではないから**ア**，まりさんは**ア**ではないから**ウ**，ゆりさんは**ウ**でないから**イ**，えりさんは**イ**ではないから**オ**とわかります。

⑮ 国の名前を当てよう　　　　30〜31ページ

答え

①　イタリア　　②　トルコ　　③　アイルランド　　④　ニュージーランド

答え

① 1，2，3，12，13，15　　② 2と3と9

③ まどか　1と3と7　　たまき　2と4と6

①は，答えの順番で答えてね。②と③はどの順番で答えてもいいよ。

解説

① 式と答えは次のようになります。

$5 + 7 = 12$，$5 + 8 = 13$，$7 + 8 = 15$，

$7 - 5 = 2$，$8 - 5 = 3$，$8 - 7 = 1$

② 選んだカードの中の1番目に大きい数と2番目に大きい数をたした答えが12になります。

　1番目に大きい数が7，2番目に大きい数が5だとすると，$7 - 5 = 2$で，《結果》の中に2はないので，あてはまりません。

　1番目に大きい数が8，2番目に大きい数が4だとすると，$8 - 4 = 4$で，《結果》の中に4はないので，あてはまりません。

　1番目に大きい数が9，2番目に大きい数が3のとき，$9 - 3 = 6$で，《結果》の中に6はあります。

　だから，選んだ3まいのカードは「1と3と9」か「2と3と9」で，《結果》に合うのは「2と3と9」です。

③ 選んだカードの中の1番目に大きい数と2番目に大きい数をたした答えが10になります。たして10になる組み合わせは，「2と8」，「3と7」，「4と6」の3通りです。「2と8」の場合は，もう1まいのカードは1ですが，これは《結果》に合いません。だから，まどかさんとたまきさんのどちらか1人が「4と6」，もう1人が「3と7」を選んでいます。

　まどかさんが「4と6」を選んだとすると，まどかさんが選んだカードは「1と4と6」になり，《結果》に合いません。だから，まどかさんは「1と3と7」を選んだことになり，これは《結果》に合います。

　たまきさんは「4と6」を選んだことになり，もう1まいを「2」とすれば，《結果》に合います。

⑰ 豆電球をつけよう

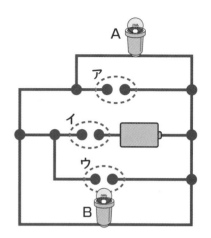

34〜35ページ

答え

ア ✕　イ ○　ウ ✕

解説

　見やすいように整理してかくと，右の図のように
なります。

　まず，Aの豆電球を光らせることを考えます。か
ん電池の＋極（プラスきょく）から出たどう線はAの豆電球につな
がっています。Aの豆電球から出ているもう一方の
どう線をかん電池の－極（マイナスきょく）につなぐことができれ
ば，Aの豆電球は光るので，イをつなぎます。イを
つなぐと，Bの豆電球もかん電池の＋極，－極とそ
れぞれつながり，光ります。

　イをつなぐので，アやウをつなぐと，どう線が熱（あつ）
くなるあぶないつなぎ方になってしまいます。

> 《ワンポイント》
> 電球やモーターのような抵抗を挟まずに，電池の＋極から－極を直接導線でつなぐと，ショート回路
> （短絡）となります。回路の抵抗が小さいため非常に大きな電流が流れ，導線や乾電池（電源）が発熱し
> 危険です。

⑱ ボールの数を当てよう

36〜37ページ

答え

	赤	白	黒
たかゆきさん	6こ	1こ	2こ
ひろゆきさん	2こ	3こ	4こ
まさゆきさん	1こ	5こ	3こ

この問題の解説は次のページに続きます

まさゆきさんは赤いボールより黒いボールを 2 こ多く取ったので，取ったボール
の数は，

  ・赤いボール　1 こ，黒いボール　3 こ，白いボール　5 こ
  ・赤いボール　2 こ，黒いボール　4 こ，白いボール　3 こ
  ・赤いボール　3 こ，黒いボール　5 こ，白いボール　1 こ

のどれかです。白いボールがいちばん多かったから，赤いボールが 1 こ，黒いボー
ルが 3 こ，白いボールが 5 ことわかります。

取った白いボールの数は，たかゆきさんがいちばん少ないので，たかゆきさんが 1
こ，ひろゆきさんが 3 こです。

ひろゆきさんの話から，ひろゆきさんは赤いボールを 2 こ，黒いボールを 4 こ取っ
たとわかります。

⑲ 使っているロッカーを当てよう　　　　　38〜39ページ

答え

あきとさん … 7 番　　　かずきさん … 9 番

解説

質問①の答えが 4 こなのは，3 番，7 番，11 番，15 番のどれかです。このうち，
質問②の答えが 3 こなのは，7 番，11 番，15 番です。それぞれのときの，質問③
の答えは，

  7 番のとき　　　7 こ
  11 番のとき　　 6 こ
  15 番のとき　　 3 こ

なので，あきとさんが使っているロッカーは 7 番です。

質問①の答えが 3 こで，質問②の答えも 3 こなのは，6 番，8 番，9 番，10 番，13 番，
16 番です。それぞれのときの，質問③の答えは，

  6 番のとき　　　7 こ
  8 番のとき　　　4 こ
  9 番のとき　　　3 こ
  10 番のとき　　 6 こ
  13 番のとき　　 2 こ
  16 番のとき　　 2 こ

なので，かずきさんが使っているロッカーは 9 番です。

答え

あ　（例）どのような仕事なのか，仕事の内容　など

い　（例）むずかしいと思うこと，この仕事のむずかしさ　など

う　（例）税務署の職員になるためにはどうしたらよいですか，
　　　　　税務署で働くために必要なことを教えてください　など

解説

あ　鳥山さんは，仕事の中身について説明しているので，どのような仕事なのかを聞く文が入ります。

い　鳥山さんは，「〜がむずかしい」と言っているので，むずかしいことが何なのかを聞く文が入ります。

う　鳥山さんは，「税務署の職員になるために必要なこと」，「将来仕事につくときの話」について話しているので，税務署で働くためにどうしたらよいかを聞く文が入ります。

《ワンポイント》
お子さまが，自分の答えでよいのか迷っているようでしたら，次の観点で確認してあげてください。
・キーとなる単語（あは「仕事」など，いは「難しい」など，うは「税務署職員になる／税務署で働く」
　「〜するために」など）を使えているか。
・欄外とつなげたときに文章として自然になるか。（たとえば，あに「どのような仕事をしていますか」
　と入れると，解答欄の後ろとつながりません。）
・目上の相手と話す言葉遣いとして適切か。

答え

あ　井上さん　　い　山本さん　　う　高橋さん

え　田中さん　　お　木村さん　　か　小林さん

解説

高橋さんは入り口にいちばん近い席にすわったので，うは高橋さんです。

木村さんは，2人の間にすわったので，いかおです。木村さんのとなりは田中さんと小林さんなので，高橋さんではありません。だから，おが木村さんです。

井上さんと田中さんは向かい合わせの席だったので，あとえです。田中さんは木村さんのとなりなので，えが田中さん，あが井上さんです。

木村さんのとなりは田中さんと小林さんなので，かは小林さんです。

残ったいが山本さんに決まります。

22 英単語の意味を考えよう

[答え]

①　エ　　②　イ　　③　ア

[解説]

①　魚の仲間と書いてあるので，**ウ**か**エ**です。こいは川や池にすむ魚なので，**ウ**ではなく**エ**とわかります。

②　きゅうりににた，つつの形をしているので，**イ**です。

③　葉がギザギザしているものなので，**ア**です。

23 遊園地で遊ぼう

[答え]

ジェットコースター，メリーゴーラウンド，おばけやしき

[解説]

　もしバンジージャンプを利用するなら，あと2種類のアトラクションの料金は，1800 － 1000 ＝ 800（円）までです。だから，利用できるあと2種類のアトラクションは，メリーゴーラウンドとゴーカートです。すると，待ち時間は，30 ＋ 20 ＋ 50 ＝ 100（分）になってしまい，90分をこえてしまいます。だから，バンジージャンプは利用しません。

　ジェットコースターを利用するとき，あと2種類のアトラクションの待ち時間は，90 － 40 ＝ 50（分）までです。だから，利用できるあと2種類のアトラクションは，メリーゴーラウンドとおばけやしきです。すると，料金は，700 ＋ 300 ＋ 600 ＝ 1600（円）なので，1800円までになります。だから，この3種類のアトラクションを選べばよいとわかります。

答え

Aさん　×　　Bさん　×　　Cさん　○　　Dさん　×　　Eさん　○

解説

　Dさんの話に注目します。もしDさんがショージキ村の住人だとすると，Aさんはそさんとちがう村の住人なので，Aさんはウソツキ村の住人です。もしDさんがウソツキ村の住人だとすると，AさんはDさんと同じ村の住人なので，やはりAさんはウソツキ村の住人です。だから，Dさんがどちらの村の住人でも，Aさんはウソツキ村の住人だとわかります。

　Aさんはウソツキ村の住人だから，Aさんの話から，Bさんはウソツキ村の住人です。Bさんの話から，AさんとCさんはちがう村の住人だから，Cさんはショージキ村の住人です。Cさんの話から，EさんはCさんと同じ村の住人だから，Eさんはショージキ村の住人です。

　Eさんの話から，5人の中にウソツキ村の住人が3人いるから，Dさんはウソツキ村の住人です。

《ワンポイント》
この問題では，「自分とちがう村の住人」と言われている人は必ずウソツキ村の住人，「自分と同じ村の住人」と言われている人は必ずショージキ村の住人となります。 **解説** ではこのことを利用した方法で答えを導いています。そのほかにも，Aさんがショージキ村の住人の場合とウソツキ村の住人の場合に分けて，どちらかで矛盾が生じることを導く方法など，考え方はいくつかあります。

25 シールを分けよう

25 シールを分けよう　　　　46～47ページ

答え

さくらの絵のシール　ひとみさん，ひまわりの絵のシール　れいなさん，
コスモスの絵のシール　あやのさん，つばきの絵のシール　まりえさん

解説

　花の絵のシールを☆，動物の絵のシールを〇，文ぼう具の絵のシールを▲で表して，切り分け方を考えます。

　まりえさんの話に合う切り分け方は，次の5通りです。

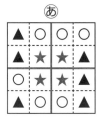
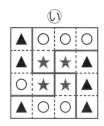
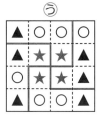
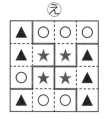
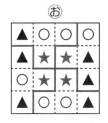

　れいなさんの話より，文ぼう具の絵のシールを3まいもらった人はいないので，いとえは合いません。また，あやのさんの話より，はさみの絵のシールとさくらの絵のシールは同じかたまりに入らないので，うは合いません。さらに，ひとみさんの話より，つばきの絵のシールとねこの絵のシールは同じかたまりに入るので，あは合いません。

　だから，おの切り分け方をしたとわかります。

　あやのさんははさみの絵のシールをもらったので，コスモスの絵のシールをもらったのはあやのさんです。

　のこりの3つのかたまりのうち，文ぼう具の絵のシールが2まい入っているのは，ひまわりの絵のシールが入ったかたまりなので，れいなさんがもらったのはひまわりの絵のシールです。

　ひとみさんはつばきの絵のシールをもらっていないので，つばきの絵のシールをもらったのはまりえさんで，さくらの絵のシールをもらったのがひとみさんとわかります。

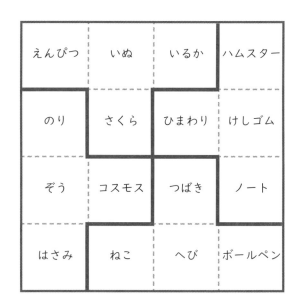

答え

あ （例）魚のなかま，魚類　など

い （例）海にすむ生き物，海水魚　など

う （例）貝のなかま，貝類　など

え （例）貝がらが2まいある生き物，二枚貝　など

解説

　あは，

　　アジ，イワシ，タイ，マグロ，キンギョ，コイ，ドジョウ，メダカ

にあって，

　　イソギンチャク，クジラ，ザリガニ，ヒトデ，アサリ，シジミ，ハマグリ，

　　ホタテ，カタツムリ，サザエ，タニシ，ホラガイ

にはない特ちょうを考えます。すると，魚のなかまかどうかで分ければよいとわかります。

　いは，アジ，イワシ，タイ，マグロが海にすむ魚，キンギョ，コイ，ドジョウ，メダカが川や池にすむ魚なので，すんでいる場所で分ければよいとわかります。

　うは，

　　アサリ，シジミ，ハマグリ，ホタテ，カタツムリ，サザエ，タニシ，ホラガイ

にあって，

　　イソギンチャク，クジラ，ザリガニ，ヒトデ

にはない特ちょうを考えます。すると，貝のなかまかどうかで分ければよいとわかります。

　えは，アサリ，シジミ，ハマグリ，ホタテが二枚貝，カタツムリ，サザエ，タニシ，ホラガイがまき貝なので，見た目の形で分ければよいとわかります。

> カタツムリは陸の生き物だけれど，貝のなかまだよ。

答え

① 25人　② 14人

解説

　「バイオリンをひけてピアノをひけない人」や「ピアノをひけて音楽がきらいな人」がいないので，次のような表にまとめることができます。

バイオリン	ピアノ	音楽
ひける	ひける	好き
ひけない	ひける	好き
ひけない	ひけない	好き
ひけない	ひけない	きらい

（4人・12人・18人／7人 のくくり）

① 表より，18 ＋ 7 ＝ 25（人）です。

② 「音楽が好きな人」から「バイオリンをひける人」をのぞいた人数なので，表より，18 － 4 ＝ 14（人）です。

《ワンポイント》
次のような図を使って考えることもできます（このような図を「ベン図」といいます）。

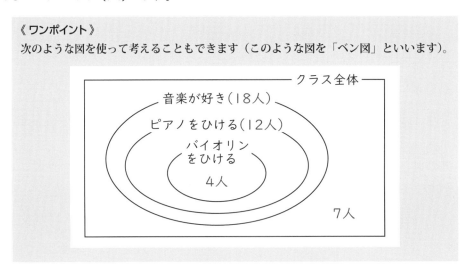

答え

12 はい

解説

　みかんを使うのは，みかんジュースとミックスジュースなので，この2種類の
ジュースでみかんをちょうど15こ使います。だから，みかんジュースとミックス
ジュースの数は，

　　みかんジュース　1ぱい　　　ミックスジュース　12はい
　　みかんジュース　2はい　　　ミックスジュース　9はい
　　みかんジュース　3ばい　　　ミックスジュース　6はい
　　みかんジュース　4はい　　　ミックスジュース　3ばい

のどれかです。

　バナナを使うのは，バナナジュースとミックスジュースなので，この2種類の
ジュースでバナナをちょうど12本使います。だから，バナナジュースとミックス
ジュースの数は，

　　バナナジュース　1ぱい　　　ミックスジュース　10ぱい
　　バナナジュース　2はい　　　ミックスジュース　8はい
　　バナナジュース　3ばい　　　ミックスジュース　6はい
　　バナナジュース　4はい　　　ミックスジュース　4はい
　　バナナジュース　5はい　　　ミックスジュース　2はい

のどれかです。

　ミックスジュースの数に注目すると，ミックスジュースが6はいのときだとわか
ります。このとき，牛乳は，バナナジュースに3パック，ミックスジュースに6パッ
ク使うので，ちょうど9パック使います。

　だから，作ったジュースの数の合計は，3 + 3 + 6 = 12（はい）です。

《ワンポイント》
牛乳の数に注目すると，バナナジュースとミックスジュースはあわせて9杯とわかりますから，この9
杯でバナナをちょうど12本使う組み合わせを考えることで解くこともできます。

答え

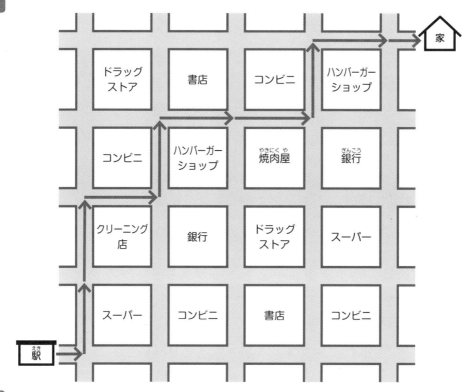

解説

通らなかった道に×をつけると次のようになります。

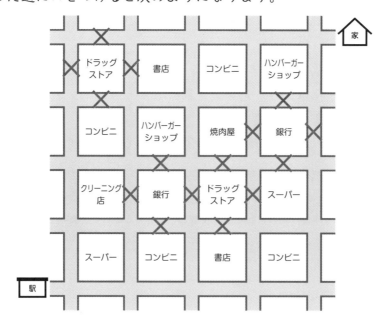

　これらの道を通らず，書店に面した道と焼肉屋に面した道を通る，遠回りしない道を考えます。

答え

① 1ヒット2ストライク　　② 2835, 5719　　③ 5748

解説

① 3が「ヒット」，1と9が「ストライク」です。

② 6318は2ヒット0ストライク，2865は1ヒット0ストライクです。

③ ちはやさんが書いた数に使われている数字は，

　　　あ 2, 5, 3, 8の中に2こ　　い 2, 3, 6, 9の中に0こ

　　　う 1, 5, 8, 7の中に3こ　　え 1, 4, 5, 8の中に3こ

あるとわかります。あといから，5と8が使われていて，2と3と6と9が使われていないとわかります。

　もし1が使われているとすると，うとえから7と4は使われていないことがわかるので，4この数字が使われていることに合いません。だから，1は使われていなくて，7と4が使われているとわかります。

　次に，5, 8, 7, 4がどのけたに使われているかを，表を使って考えます。

◆ 1587は0ヒット

	5	8	7	4
千の位				
百の位	×			
十の位		×		
一の位			×	

◆ 2538は1ヒット

	5	8	7	4
千の位				
百の位	×			
十の位		×		
一の位		○	×	

◆ 1458は1ヒット

	5	8	7	4
千の位				
百の位	×			×
十の位	×	×		
一の位		○	×	

	5	8	7	4
千の位	○	×	×	×
百の位	×	×	○	×
十の位	×	×	×	○
一の位	×	○	×	×

　したがって，ちはやさんが書いた数は5748とわかります。

答え

ⓐ　パー　　ⓘ　チョキ　　ⓤ　チョキ　　ⓔ　パー

ⓞ　パー　　ⓚ　グー　　ⓚ　グー

解説

　すずねさんは１点だったので，あいこが１回，負けが２回だったとわかります。

　あいこが１回だったことから，かなでさんは，パーのときとチョキのときに勝って，１回あいこで，５＋３＋１＝９（点）とったとわかります。

　かなでさんがパーで勝つとき，ほかの２人は「パー」または「グー」を出しているので，かなでさんがパーで勝ったのは２回目ではないとわかります。だから，かなでさんの手は，３回目がパーで２回目がチョキです。

　かなでさんがチョキを出したときは，チョキを出した人が勝っているので，すずねさんの２回目の手はパーです。

　かなでさんがパーを出したときは，パーを出した人が勝っているので，すずねさんの３回目の手はチョキではありません。だから，すずねさんの手は，３回目がグーで１回目がチョキです。

　かなでさんがグーを出したときは，あいこなので，ひびきさんの１回目の手はパーです。だから，ひびきさんの３回目の手はグーです。

	かなでさん	ひびきさん	すずねさん
１回目	グー （あいこ，１点）	パー （あいこ，１点）	チョキ （あいこ，１点）
２回目	チョキ （勝ち，３点）	チョキ （勝ち，３点）	パー （負け，０点）
３回目	パー （勝ち，５点）	グー （負け，０点）	グー （負け，０点）
結果	９点	４点	１点

答え

ア

解説

　③より，**ウ**と**エ**はじしゃくで，シールがはられていないほうは同じ極です。もし，**ウ**と**エ**のシールがはられていないほうが，両方とも N 極だとすると，④と⑤は次のようになります。

　もし**ア**がじしゃくだとすると，④よりシールがはられているほうは S 極ですが，⑤よりシールがはられていないほうも S 極になってしまい，おかしいです。だから，**ア**はじしゃくではありません。

　もし，**ウ**と**エ**のシールがはられていないほうが，両方とも S 極だとすると，④と⑤は次のようになり，やはり**ア**はじしゃくではありません。

　だから，鉄のぼうは**ア**です。

《ワンポイント》
この問題では，イ，ウ，エのシールを貼った棒は磁石であることはわかりますが，どちらの端が N 極／S 極であるかはわかりません。
磁石の極が定まらなくても鉄の棒を見つけられることが，本問のポイントの1つです。

[答え]

①　文　　②　足　　③　角　　④　正

[解説]

①・昔は「文」というお金の単位がありました。右の写真は，
　江戸時代に使われていた1文銭です。

・「文」を「ふみ」と読み，手紙という意味で使うことがあります。

・「文字」や「文句」などのように，字や言葉のことを「文」
　という漢字を使って表します。

・「**文**」という記号は，地図で学校を表します。

②・「＋」の記号を使う計算は，足し算です。

・くつは，足にはくものです。また，「1足，2足」と数えます。

・「早足」，「遠足」，「足をのばす」などのように，歩いたり移動したりすることを「足」
　という漢字を使って表します。

・「満足」や「足りる」などのように，「足」には「じゅうぶんにみたされる」とい
　う意味があります。

③・四角形のものを表すのに，「角」という字を使います。切り
　口が丸い材木を表す「丸太」に対して，切り口が四角形をし
　ている材木のことを「角材」といいます。

・「角」は，とがって飛び出したところのことです。

・道を進んでいて，進む向きを変えて曲がるところを，「曲がり角」といいます。

・牛や羊などの動物の頭には，「角」があります。

④・「正」という字は5画で書けるので，たくさんのものを数えるときに「正」とい
　う字を使って，5こずつのかたまりで数えます。

$$一 → 丁 → 下 → 正 → 正$$

・まちがっているものを直すという意味の言葉を，「修正」や「てい正」のように，
　「正」という漢字を使って表します。

・1年のはじめの1か月は「正月」といいます。

・「正」には「正しい」という意味があり，「正解」，「正確」などの言葉に使われます。

《ワンポイント》
「正月」は，現在では三が日や松の内を指す意味で使われることが多いですが，本来は「1年の最初の
1か月」のことです。

答え

あ 0　　い 7　　う 2　　え 8　　お 1　　か 9　　き 5　　く 3

け 4　　こ 6

解説

　たして 10 になる，1 けたの数の組み合わせは，1 と 9，2 と 8，3 と 7，4 と 6 のどれかです。

　おかは「時」を表しているから，00 から 23 までの数です。おとかをたすと 10 だから，おかは 19 です。

　うえは「日」を表しているから，01 から 31 までの数です。うとえをたすと 10 だから，うえは 28 です。

　けこは「秒」を表しているから，00 から 59 までの数です。けとこをたすと 10 だから，けこは 37 か 46 のどちらかです。きくとけこをたすと 99 だから，けこが 37 ならきくは，99 − 37 = 62 です。きくは「分」を表しているから，00 から 59 までの数なので，これは合いません。だから，けこは 46 で，きくは，99 − 46 = 53 です。

　まだ使っていない数は 0 と 7 で，あいは「月」を表しているから，01 から 12 までの数です。だから，あいは 07 です。

何問正解したか考えよう **63ページ**

答え

① 3点の問題……9問, 7点の問題……8問
② 6点の問題……4問, 7点の問題……2問, 9点の問題……3問

解説

① まちがえた問題は, 100 − 83 = 17（点）分です。

　　3 + (7 + 7) = 17

だから, 3点の問題を1問, 7点の問題を2問まちがえたとわかります。したがって, 3点の問題は, 10 − 1 = 9（問）, 7点の問題は, 10 − 2 = 8（問）正解しています。

② まちがえた問題は, 100 − 65 = 35（点）分です。

　　(6 + 6) + (7 + 7) + 9 = 35

だから, 6点の問題を2問, 7点の問題を2問, 9点の問題を1問まちがえたとわかります。したがって, 6点の問題は, 6 − 2 = 4（問）, 7点の問題は, 4 − 2 = 2（問）, 9点の問題は, 4 − 1 = 3（問）正解しています。

36 おしたボタンを当てよう **64〜65ページ**

答え

①　いとう　　②　うとお　　③　あとえとか

解説

① あ, え, お, かのボタンはおしていないことがわかるので, いとうをおして5, 7, 9だけが残るかたしかめます。

② あ, い, え, かのボタンはおしていないことがわかるので, うとおをおして7, 9, 13, 17だけが残るかたしかめます。

③ いのボタンはおしていないことがわかり, 17が書かれたライトが消えているので, かのボタンをおしています。かのボタンをおすと, 4, 5, 6, 9, 12, 13, 15, 18が書かれたライトが残ります。

　　もしあをおしていないとすると, 4が書かれたライトを消すためにう, 5が書かれたライトを消すためにお, 9が書かれたライトを消すためにえをおす必要があるので, ボタンを3つおしたことに合いません。だから, あのボタンをおしたとわかります。

　　かとあのボタンをおすと, 12, 13, 15, 18が書かれたライトが残ります。12と15と18が書かれたライトを1つのボタンで消すので, えのボタンをおします。

㊲ 虫クイズにちょうせんしよう　　　66〜67ページ

答え

ⓐ　モンシロチョウ　　ⓘ　トノサマバッタ

ⓤ　2　　ⓔ　肉食ではないね

ⓞ　ゲンゴロウ　　ⓚ　タガメ

ⓖ　タガメ

> ⓞとⓚはどちらを先に
> 書いてもいいよ。

解説

ⓤ　ミズグモはクモのなかまで，池やぬまにすんでいます。クモのなかまはからだが
2つの部分に分かれていてあしが8本なので，こん虫ではありません。アメリカ
ザリガニはエビやカニのなかまです。ハサミもふくめて，あしが10本なのでこん
虫ではありません。

㊳ 誕生日を当てよう　　　68〜69ページ

答え

ⓐ　3　　ⓘ　5

ⓤ　7　　ⓔ　8

ⓞ　10　　ⓚ　12

ⓖ　10　　ⓗ　2月1日

《ワンポイント》
ⓐ〜ⓚはどの順序で書いても
かまいません。

> 31日まである月を「大の月」，それより短い月を「小の月」
> というよ。小の月の覚え方は，「西向くさむらい」というの
> が有名だよ。2，4，6，9を「に・し・む・く」と，ごろ
> 合わせで読んで，11は，たて書きの「十一」が「士（さむ
> らいという意味）」という字ににているから，「に・し・む・く・
> さむらい」という言い方ができたんだね。

解説

ⓖ　1月1日が水曜日だとして，それぞれの月の1日が何曜日になるかを考えます。
ただし，うるう年ではない年で考えます。

1月は31日まであるから，1月の日数を7でわると，

31 ÷ 7 ＝ 4 あまり 3

曜日は7日で1周するので，1月は水曜日，木曜日，
金曜日，土曜日，日曜日，月曜日，火曜日のくり返し
が4回続いたあと，3日あまるので，2月1日は1月
1日から曜日が3つずれて土曜日になります。

同じように順番に考えると，次のようになります。

日	月	火	水	木	金	土
			1	2	3	4
5	6	7	8	9	10	11
12	13	14	15	16	17	18
19	20	21	22	23	24	25
26	27	28	29	30	31	1

3日あまる

この問題の解説は次のページに続きます　　　>>>

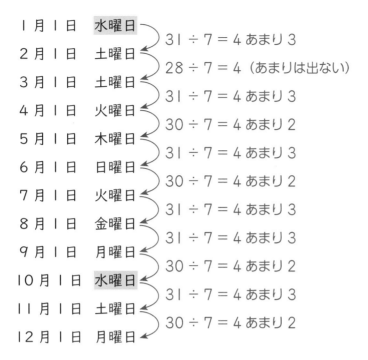

したがって，１日の曜日が１月と同じになるのは，１０月です。

Ⓒ　１０月３１日と同じ曜日の日に色をつけると，うるう年でないときは，次の図の上のだんのようになります。また，うるう年のときは，下のだんのようになります。だから，うるう年のときは２月１日と同じ曜日になります。

[答え]

① 木曜日　　② ハンカチ　　③ さゆりさん

[解説]

① まゆみさんとは映画館に行っています。水曜日ははるかさんと遊び，金曜日には水族館に行ったので，映画館に行ったのは水曜日や金曜日ではありません。また，月曜日や火曜日だとすると，前日にハンカチを買ったという話に合わなくなります。

② ここまででわかったことを表にまとめると，次のようになります。

	月曜日	火曜日	水曜日	木曜日	金曜日
いっしょに遊んだ友達			はるか	まゆみ	
行った場所				映画館	水族館
買った物	おかし		ハンカチ		

この表から，動物園でぬいぐるみを買ったのは火曜日とわかります。残りの遊園地と科学館のうち，遊園地に先に行ったので，遊園地に行ったのが月曜日，科学館に行ったのが水曜日です。

③ これまでにわかったことを使うと，れいあさんといっしょにキーホルダーを買ったのは金曜日だとわかります。だから，ブレスレットを買ったのは木曜日となり，ゆきのさんと遊んだのが3日前の月曜日とわかります。残った火曜日がさゆりさんと遊んだ日です。

表をすべてうめると，このようになるよ。

	月曜日	火曜日	水曜日	木曜日	金曜日
いっしょに遊んだ友達	ゆきの	さゆり	はるか	まゆみ	れいあ
行った場所	遊園地	動物園	科学館	映画館	水族館
買った物	おかし	ぬいぐるみ	ハンカチ	ブレスレット	キーホルダー

答え

① エ　　② ア, エ　　③ ア, イ, ウ

解説

①

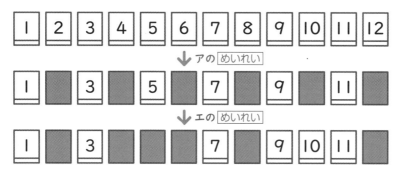

もう１つの めいれい で５と 10 をひっくり返すので，**エ**です。

② ２のカードをひっくり返すことができるのは**ア**の めいれい だけ，５のカードを
ひっくり返すことができるのは**エ**の めいれい だけです。

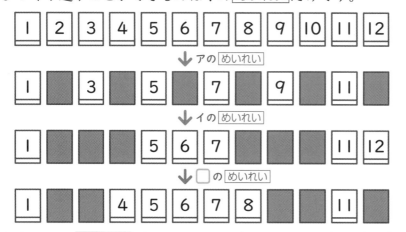

③ ２のカードをひっくり返すことができるのは**ア**の めいれい だけ，３のカードを
ひっくり返すことができるのは**イ**の めいれい だけです。

もう１つの めいれい で４と８と 12 をひっくり返すので，**ウ**です。

答え

まさよしさん … 6と1と9

きよたかさん … 4と3と7

こうすけさん … 2と5と8

解説

　9まいのカードに書かれた数をすべてたした答えは，1＋2＋3＋4＋5＋6＋7＋8＋9＝45だから，こうすけさんの話から，3まいのカードに書かれた数をたした答えは，きよたかさんが14，こうすけさんが15，まさよしさんが16とわかります。

　こうすけさんは2のカードを取って，3まいのカードに書かれた数をたした答えが15なので，1のカードは取っていないとわかります。だから，1のカードを取ったのはまさよしさんかきよたかさんです。

　1のカードを取ったのがきよたかさんだとすると，きよたかさんが取ったカードは4と1と9で，かけた答えは，4×1×9＝36です。まさよしさんは6と2と8か，6と3と7のどちらかですが，どちらの場合もかけた答えは36より大きくなるので，まさよしさんの話に合いません。だから，1のカードを取ったのはまさよしさんとわかります。つまり，まさよしさんが取ったカードは6と1と9です。

　残りのカードについて考えると，次のようになります。

	書かれた数	たした答え	かけた答え
まさよしさん	6と1と9	16	54
きよたかさん	4と3と7	14	84
こうすけさん	2と5と8	15	80

答え

	バニラクッキー	チョコクッキー	まっちゃクッキー
あんなさん	2まい	1まい	0まい
ゆりかさん	0まい	2まい	1まい
ももよさん	1まい	0まい	2まい
せりなさん	1まい	1まい	1まい

解説

確実に食べたとわかるものをまとめると，次のようになります。

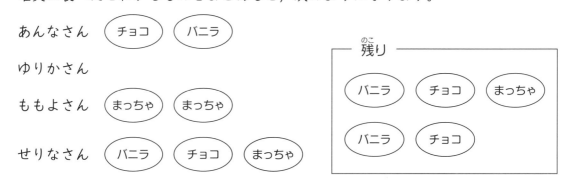

あんなさん　（チョコ）　（バニラ）

ゆりかさん

ももよさん　（まっちゃ）　（まっちゃ）

せりなさん　（バニラ）　（チョコ）　（まっちゃ）

残り
（バニラ）　（チョコ）　（まっちゃ）
（バニラ）　（チョコ）

　ゆりかさんはバニラクッキーは食べていないので，チョコクッキーを2まい，まっちゃクッキーを1まい食べたとわかります。また，あんなさんとももよさんの，まだ決まっていない1まいは，どちらもバニラクッキーとわかります。

【答え】

① ⑦…60g, ⑦…30g, ⑦…150g
② ⑦…70g, ⑦…50g, ⑦…120g
③ ⑦…60g, ⑦…100g, ⑦…40g

【解説】

① ⑦のおもり 8 こ分が, 240g のおもりとつり合います。

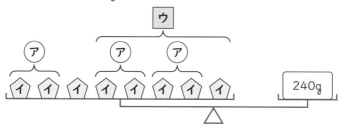

② ⑦のおもり 4 こ分と 40g のおもりを合わせたものが, 240g のおもりとつり合うので, ⑦のおもり 4 こ分の重さは 200g です。

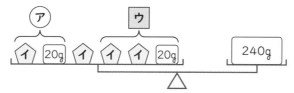

③ ⑦のおもり 2 こ分が⑦のおもり 3 こ分とつり合うので, ⑦のおもり 2 こ分が⑦のおもり 5 こ分とつり合います。

　⑦, ⑦, ⑦のおもりをそれぞれ 2 こずつのせた皿は, 400g のおもりをのせた皿とつり合うので, ⑦のおもり 10 こ分の重さは 400g です。

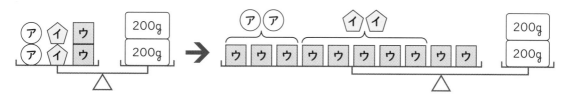

㊹ 選んだカードを当てよう②

78〜79ページ

答え

① １と４と６と９　　② ２と５と７と８

解説

① １と４と６と８で，たし算した答えが１１になる組み合わせは，１＋４＋６＝１１です。だから１と４と６は選んでいて，８は選んでいません。また，１と２と３と４で，たし算した答えが５になるから，２と３も選んでいません。さらに，２と５と７と９で，たし算した答えが９になるから，９を選んでいて，５と７を選んでいません。

② ３と４と７と８で，たし算した答えが１５になる組み合わせは，３＋４＋８＝１５か，７＋８＝１５です。だから，８を選んでいるとわかります。２と４と６と８で，たし算した答えが１０になるから，２を選んでいて，４と６を選んでいないとわかります。すると，１と６と７と９で，たし算した答えが７になるから，７を選んでいて，１と９を選んでいないとわかります。すると，３と４も選んでいないから，残りの１まいは５とわかります。

34

[答え]

	シュークリーム	プリン
あすかさん	3こ	3こ
かりなさん	4こ	1こ
さおりさん	1こ	2こ
たまおさん	2こ	4こ

[解説]

　かりなさんが買ったプリンの数とさおりさんが買ったシュークリームの数，さおりさんが買ったプリンの数とたまおさんが買ったシュークリームの数が同じで，さおりさんとたまおさんはシュークリームよりプリンを多く買ったので，買ったプリンの数は，かりなさんよりさおりさん，さおりさんよりたまおさんのほうが多くなります。

　かりなさん，さおりさん，たまおさんが買ったプリンの数は，

　　ⓐ　かりなさん…1こ，さおりさん…2こ，たまおさん…3こ

　　ⓘ　かりなさん…1こ，さおりさん…2こ，たまおさん…4こ

　　ⓤ　かりなさん…1こ，さおりさん…3こ，たまおさん…4こ

　　ⓔ　かりなさん…2こ，さおりさん…3こ，たまおさん…4こ

のどれかです。それぞれの場合について表にまとめると，次のようになります。

ⓐ	シュークリーム	プリン
あすかさん		4こ
かりなさん		1こ
さおりさん	1こ	2こ
たまおさん	2こ	3こ

ⓘ	シュークリーム	プリン
あすかさん		3こ
かりなさん		1こ
さおりさん	1こ	2こ
たまおさん	2こ	4こ

ⓤ	シュークリーム	プリン
あすかさん		2こ
かりなさん		1こ
さおりさん	1こ	3こ
たまおさん	3こ	4こ

ⓔ	シュークリーム	プリン
あすかさん		1こ
かりなさん		2こ
さおりさん	2こ	3こ
たまおさん	3こ	4こ

　ⓐ，ⓤ，ⓔの場合は，あすかさんとたまおさんの，買ったシュークリームとプリンの数の合計を同じにすることができません。だから，ⓘの場合になるとわかります。

答え

① 5 ② 4

解説

① 引いたカードが 5 なら，必ず相手より大きい数とわかり，引いたカードが 1 なら，必ず相手より小さい数とわかります。

② けんじさんの，「自分が引いたカードを見ただけではわからない」という話を聞いて，かずまさんはけんじさんが引いたカードが 1 でも 5 でもないことがわかりました。

かずまさんが引いたカードが 2 だとすると，けんじさんが引いたカードは 3 か 4 だとわかり，かずまさんのカードはけんじさんより小さいとわかります。

かずまさんが引いたカードが 3 だとすると，けんじさんが引いたカードは 2 か 4 だとわかり，かずまさんとけんじさんのカードのどちらが小さいかわかりません。

かずまさんが引いたカードが 4 だとすると，けんじさんが引いたカードは 2 か 3 だとわかり，かずまさんのカードはけんじさんより大きいとわかります。

だから，かずまさんが引いたカードは 4 です。

答え

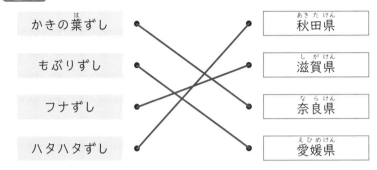

かきの葉ずし		秋田県
もぶりずし		滋賀県
フナずし		奈良県
ハタハタずし		愛媛県

解説

　フナずしで有名な県には，日本一大きい湖があると言っています。日本一大きい湖は，滋賀県にある琵琶湖なので，フナずしは滋賀県の郷土料理であるとわかります。

　ハタハタずしがある県は，海があり，雪深い地域であることがわかります。4つの県のうち，海があって雪深い地域なのは，秋田県です。

　もぶりずしは，地元の海産物を使っているので，海がある県の郷土料理だとわかります。まだどの郷土料理がある県かわからない県のうち，海があるのは，愛媛県です。

> 今は，かきの葉ずしはサバだけでなく，サケなどほかの魚を使うこともあるよ。また，もぶりずしは「松山ずし」とも言うよ。松山市は愛媛県の県庁所在地だね。

答え

あ　オーチス　　い　ピアソン　　う　ドレベル　　え　ミショー

お　1852　　か　1863　　き　1620　　く　エレベーター　　け　地下鉄

こ　せんすいかん　　さ　自転車　　し　イ　　す　ア

解説

　③に書かれている発明品は，皮と木で作られたという特ちょうがあるので，発明Cです。もっとも古い発明品のため，きは1620年です。また，海にもぐる乗り物なので，こはせんすいかんです。

　⑥より，エレベーターの特ちょうのらんにはイが入るとわかります。また，エレベーターよりも後に発明された乗り物があることから，エレベーターが発明された年は1852年です。これらのことから，発明B，Dはエレベーターではないとわかるので，発明Aがエレベーターです。おは1852年，くはエレベーター，しはイです。

　特ちょうのらんにまだ入っていないのはすなので，すはアで，④よりさは自転車です。さらに，②より，えはミショーです。

　発明品が完成・実現した年のらんでまだ空いているのはかなので，かは1863年です。

　発明品のらんでまだ空いているのはけなので，けは地下鉄です。

　⑤より，オーチスは法律家ではないから，いに入りません。また，せんすいかんを発明した人でもないので，うにも入りません。だから，オーチスはあに入ります。

　ピアソンの発明が実現したのは，オーチスがエレベーターを発明したより後だから，1863年です。だから，いにピアソン，うにはドレベルが入ります。

> ピアソンは68才のときに体調をくずしてしまい，地下鉄が開業する日まで生きることができなかったんだ。

【答え】

たなばた

【解説】

《例》では，次のようにあながふさがっていったと考えられます。

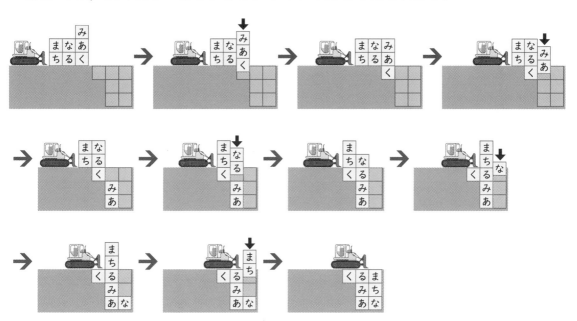

　同じように考えると，次のようにあながふさがって，「きんようび（金曜日）」，「たなばた（七夕）」「てすと（テスト）」ができます。

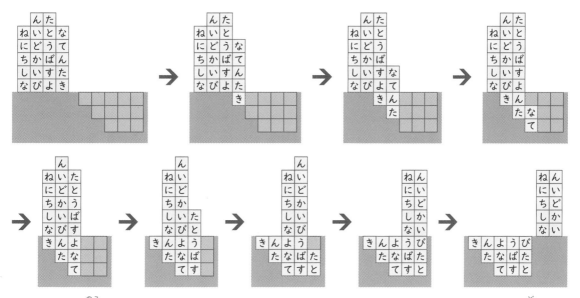

　道の上に残る文字でできる文字を読むと，「ねんにいちどしかない（年に１度しかない）」となります。３つの言葉のうちあてはまるものは「たなばた」です。

答え

① しめった　　② C　　③ 降灰予報

④

マグマの ねばり気	強い （どろっとしている）	中間	弱い （さらさらしている）
二酸化ケイ素の 割合	大きい	中間	小さい
冷えて固まった ときの色	白っぽい	灰色っぽい	黒っぽい
火山の例	昭和新山	富士山	マウナケア山

解説

① たくさんの水蒸気をふくんだしめった空気が，空の高いところにのぼって冷やされると，水蒸気の一部が水滴や氷のつぶになり，雲ができます。

② 霜の対策をするという発言から，霜は悪い作用があると考えられるのでAはまちがいです。3月〜5月に農家の人の作業ができなくなるほどの寒さになることも考えづらいので，Cが正解です。

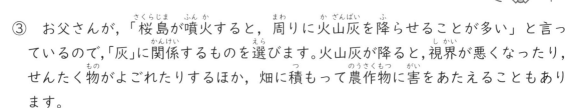

遅霜予報は2020年に廃止されたけれど，今でも農家の人は，気温などの予報を見て霜の対策をしているよ。

③ お父さんが，「桜島が噴火すると，周りに火山灰を降らせることが多い」と言っているので，「灰」に関係するものを選びます。火山灰が降ると，視界が悪くなったり，せんたく物がよごれたりするほか，畑に積もって農作物に害をあたえることもあります。

波浪注意報は，高い波への注意をうながすじょうほうです。大雨警報は大雨によって大きな災害が起こるきけんせいを知らせるじょうほうです。濃霧注意報は，こい霧への注意をうながすじょうほうです。

Z-KAI